KURT KRENN

WORTE
AUF
DEM WEG

KURT KRENN

WORTE AUF DEM WEG

Gedanken eines Hirten der Kirche

Erweiterte Neuausgabe

Verlag St. Josef

Zusammengestellt
und herausgegeben von
Werner Schmid

Wesentlich erweiterte
Neuausgabe

Die Deutsche Bibliothek –
CIP Einheitsaufnahme

Krenn, Kurt:
Worte auf dem Weg : Gedanken eines
Hirten der Kirche / Kurt Krenn.
[Zsgest. und hrsg. von Werner Schmid]. -
Wesentlich erw. Neuausg.. -
[St. Pölten-Traisenpark] : Verl. St. Josef, 1999
ISBN 3-901853-04-9

Tel./Fax: 0043 [0] 2742 360088
Internet: http://www.stjosef.at
E-Mail: verlag@stjosef.at
Herstellung: Passavia GmbH - Passau

Inhalt

Vorwort

Reich und vielfältig ist der Schatz an jenen Lehrworten von Diözesanbischof Dr. Kurt Krenn, die so gelungen die Treue zur katholischen Wahrheit mit treffender Prägnanz der sprachlichen Form verbinden, daß sie noch lange in der Seele nachklingen und für so manche von uns auch Anstoß zum Nach- und Weiterdenken geworden sind.

„Wir müssen katholisch bleiben!" – für diesen Anspruch tritt der Bischof von St. Pölten in die Schranken. Katholisch im Sinne des Ganzen, des ganzen Evangeliums, der ganzen Überlieferung, des ganzen Glaubens, der ganzen Wahrheit, wie auch der vollen Übereinstimmung mit den Lehren des Konzils und den Weisungen des Papstes. Wer dies vertritt und in der Öffentlichkeit bekennt, muß mit Ablehnung und Kritik rechnen. Dabei kommt der Widerstand nicht nur aus einer äußeren Gegnerschaft der Kirche, sondern teilweise aus den eigenen Reihen. Es ist bequemer und ruhiger, sich mit Gegebenheiten zu arrangieren und Stillhalteabkommen zu treffen, dennoch: mit einer doppeldeutigen „Ja, aber" - Mentalität darf sich der Christ nicht abfinden. Dieses Relativieren der Wahrheit auf-

zuzeigen und unser menschliches Denken und Handeln wieder zurückzubinden an seinen tragenden göttlichen Grund, das ist das Verdienst von Bischof Dr. Kurt Krenn.
Am 26. April 1987 empfing Bischof Dr. Kurt Krenn in der Kathedralkirche von St. Stephan in Wien aus der Hand Sr. Eminenz Kardinal Groërs die Bischofsweihe. An jenem Tag gedenkt die Liturgie der Kirche auch Mariens, der Mutter vom Guten Rat. Ein gutes Omen für einen Bischof der katholischen Kirche, vor allem am Beginn seines verantwortungsvollen Amtes. Denn der gute Rat, den wir heute so dringend benötigen in den vielen Fragen und Schwierigkeiten unseres Lebens und des Lebens der Kirche, er kann nur in Maria gefunden werden. Ihre Hand weist uns mütterlich hin zu ihrem Sohn: Was er euch sagt, das tut. Besseren Rat kann niemand geben.
Die Kirche Christi – so hat es das Konzil formuliert - schreitet zwischen den Verfolgungen der Welt und den Tröstungen Gottes auf ihrem Weg dahin. Mögen die folgenden Gedanken aus 12 Jahren Verkündigungsdienst eines Hirten der Kirche uns begleiten als richtungsweisende Worte auf diesem Weg.

Der Herausgeber

„Zu ihr bete ich heute:
Du Mutter vom Guten Rat, bitte für uns“

Gott möchte ich aus ganzem Herzen lieben, um den Nächsten lieben zu können. Christus möchte ich folgen, um Menschen und immer wieder Menschen für seine Kirche zu gewinnen. Der Heilige Geist erleuchte meinen Geist und bewege mein Herz, damit ich in den Zeichen der Zeit die Absichten Gottes vernehme. Die Gottesmutter trage all mein Tun und Mühen; ihre mütterliche Gnadenfülle stehe überall dort ein, wo ich bei allem guten Willen armselig und fehlbar bin. Zu ihr bete ich heute: Du Mutter vom Guten Rat, bitte für uns!

Ich habe versprochen, für das Volk Gottes wie ein guter Vater zu sorgen und es auf den Weg des Heiles zu führen. Ich habe das Evangelium treu und unermüdlich zu verkünden; ich habe das Glaubensgut der Kirche rein und unverkürzt zu hüten. Diese Aufgabe übernehme ich in vertrauensvoller Gemeinschaft mit den Priestern und Diakonen ...

Der Beginn des Weges
als Bischof am 26. April 1987

Am 11. Juli hat mich Papst Johannes Paul II. zum Bischof von St. Pölten ernannt; am 15. September 1991 habe ich die Leitung der Diözese übernommen, um fortzusetzen und zu mehren, was Bischof Dr. Zak mit den Priestern und Gläubigen in mehr als 30-jährigem Hirtendienst begründet und erbaut hat. Nach erst hundert Tagen darf ich dennoch herzlich danken: Den vielen Priestern und Gläubigen danke ich für ihre von Anfang an gezeigte Bereitschaft und Liebenswürdigkeit. Gar manches wurde seit dem 11. Juli gesagt, geschrieben und geurteilt. Mißliebige sind nicht deshalb schon Übeltäter, weil sie mißliebig sind. Die Wahrheit allein wird den Frieden bringen; Enttäuschung, Demagogie und Ungehorsam sind angesichts der Wahrheit gegenstandslos und unberechtigt. Christus verspricht seiner Kirche: Ich bin bei euch alle Tage bis ans Ende der Welt. Die Kirche, die vom Papst als dem Nachfolger des Petrus und von den Bischöfen in Gemeinschaft mit ihm geleitet wird, trägt diese Verheißung Christi in sich und kann nicht untergehen. Der von Christus gesandte Heilige Geist der Wahrheit und der Liebe wird die Kirche nie verlassen. Laßt uns gemeinsam mit Mut und Geduld das Werk des Heils in der Kirche fortsetzen.

Heiliger Vater! Wir brauchen das Zeugnis Ihrer Liebe in der Wahrheit der Botschaft Christi. Unsere Menschen sehnen sich nach dem Frieden in der Welt, auch nach dem Frieden in der Kirche unseres Landes. Lehren Sie uns begreifen, daß es der Friede Christi, den die Welt nicht gibt, sein muß, der die Früchte des Geistes - Liebe, Freude, Langmut, Freundlichkeit, Güte und Treue (vgl. Gal 5,22) - gedeihen läßt. Erschüttern Sie mit Ihrer Botschaft die Hartherzigkeit und Gottesverneinung unserer Zeit. Wir wollen uns einsetzen für die Heiligung unserer Familien und für die Heiligung des Sonntags, für die soziale Gerechtigkeit für die einzelnen Menschen und für die Regionen.

Wir glauben, daß Wahrheit ist, was uns Gott in Christus kundgetan hat. Wahrheit wiederum verlangt die Übereinstimmung mit dem, was uns von Gott durch die Kirche gesagt wird. So möge im Heiligen Geist der Wahrheit gelingen, was der Apostel Paulus sagt: „Wir können unsere Kraft nicht gegen die Wahrheit einsetzen, nur für die Wahrheit“ (2 Kor 13,8).

Begrüßung des Heiligen Vaters
am 20. Juni 1998 am
Beginn der hl. Messe im Landhauspark

Die Frage nach Gott

Alle Fragen, die Kirche, Welt und das Dasein des Menschen betreffen, können ohne Gott nicht beantwortet werden: Ist Gott nicht wirklich und anwesend, können wir nicht begreifen, was die Kirche ist; ohne Gott wäre auch Jesus Christus nicht der Sohn Gottes, sondern ein ärgerlicher Prophet; ohne Gott wären die Sakramente nur äußerliche Worte und Gesten, die nichts im Menschen verändern; ohne Gott wäre die Heilige Schrift nur ein interessanter Text, nicht aber das Wort Gottes; ohne Gott wäre unser Glaube nur die Projektion unserer Sehnsucht; ohne Gott wäre der Mensch nicht Person mit Würde, Einmaligkeit und Unsterblichkeit der Seele, sondern nur ein Lebewesen wie ein Tier; ohne Gott wäre das Gewissen des Menschen nicht die Stimme zum Tun des Guten und zum Meiden des Bösen, sondern Selbstherrlichkeit und Selbstbestätigung.

Im Anfang schuf Gott den Menschen als Gottes Bild und Gleichnis; die Größe des Menschen bestand darin, wie Gott zu sein. Der Böse und die Sünde haben den Menschen zur Forderung verführt, Gott müsse wie der Mensch sein.

Die Gottesfrage ist die Zukunftsfrage für Europa. Die Menschen werden die Einsicht nicht umgehen können: Kenne ich Gott, kenne ich mich selbst.

Das Ringen der Menschen um die Wirklichkeit Gottes ist noch nicht entschieden. In diesen Zeichen der Zeit hellt sich immer mehr die Aufgabe der Kirche auf: Die Evangelisierung Europas, die Rückkehr zu Gott und zum wahren Menschsein durch Christus. Wird unsere Kirche diesen Auftrag erfüllen können? Selten war die Kirche so wenig gerüstet wie in unseren Tagen: Die Gemeinschaft in der Lehre des Glaubens wird von nicht wenigen in Frage gestellt. Wer im Namen der Wahrheit lehrt, wird als Spalter und Störer denunziert. Viele lassen sich die Einteilung von konservativ und progressiv aufdrängen, um aus einer vermeintlichen Mitte untätig der Unterscheidung der Geister zuzuschauen. Man drängt die Lehre der Kirche an den Rand, um viele zur Illusion zu verführen, die Wahrheit liege irgendwo in der Mitte der Extreme. Die Mitte ist heute nicht der Ort der Wahrheit; die Mitte ist die verführerische Einladung für jene, die „über" und nicht „in" den Problemen der Kirche heute stehen wollen.

Die Gottesfrage ist heute oft das Fehlende im Verstehen der Zeit. Wie vieles wird heute bedacht und diskutiert, und es kommt nicht einmal im geringsten mehr das Wort, geschweige denn die Wirklichkeit „GOTT“ überhaupt vor. Das ist das Problem heute, daß alles in unserem Planen und Entscheiden ohne Gott geschieht, ohne Einbeziehen des wirklichen Gottes, der wirklich ist und der uns alle überragt und der allmächtig ist, alles in allem ist und der auch jeden Menschen liebt. Gott ist so Liebe, daß er uns über alles geliebt hat und vor allem uns zuerst geliebt hat. Das macht eigentlich erst die Liebenswürdigkeit des Menschen aus, daß der Mensch von Gott zuerst geliebt ist.

Gott liebt die Menschen, und er will eigentlich durch uns zu den Menschen kommen. Gott liebt uns, Gott weiß alles, und es ist auch jede Entscheidung, die wir treffen in unserem Leben, eine Entscheidung, die etwas zu tun hat mit unserer Geistigkeit, mit unserem Heil - es ist das Heil, das wir suchen und erlangen müssen.

Wenn sich heute die Kirche zur Neuevangelisierung in Europa aufmacht, hat sie es nicht mit der Aufgabe zu tun, aus lauen und bequemen Christen wieder eifrige zu machen. Viele von denen, die sich vielleicht noch Christen nennen, haben sich nicht nur vom Glauben und von der Kirche entfernt; viele von ihnen haben sich von der Wirklichkeit Gottes abgewendet. Eine Neuevangelisierung muß zuallererst ein Wiedergewinn der Gotteswirklichkeit sein. Wie eine Rechnung nur eine richtige Lösung, aber unendlich viele falsche Lösungen haben kann, so hat der eine wahre Glaube an den einen Gott unendlich viele irrige Wege der Gottesverneinung und der Gottvergessenheit.
Der Mensch verneint Gott dann, wenn Gott mit seinen Geboten der Lebensweise im Weg steht und der Mensch sich nicht bekehren und nicht zur Übereinstimmung mit Gott kommen will. Gott wird inmitten des Wohlstands vergessen, wenn der Mensch dem „Haben“ den Vorrang vor dem „Sein“ gibt.

Es gehört heute viel Mühe und Mut dazu, Gott im Menschen und in der Welt Geltung zu verschaffen. Vor der Selbstzerstörung jedoch kann nur Gott den Menschen bewahren. Nur Gott kann uns von der Sünde befreien, uns erlösen und in der Wahrheit des Menschen erneuern. Nur Gott kann unsere Seele retten, die er erschaffen hat und durch die er uns Menschen zu seinem Abbild erhebt.

Verweigern wir uns den suchenden Menschen nicht durch Unglaubwürdigkeit, durch anstößige Skepsis und durch selbstherrliche Intellektualität. Tun wir unser Herz und unseren Mund auf, und reden wir mit schlichter Wahrhaftigkeit von Gott, von seinen Geboten, von Christus und von seiner Kirche, vom ewigen Heil des Menschen. Unser Glaube muß auch gelehrt und gelernt werden …

Häufig verwenden wir das Wort vom „Geheimnis“; geheimnisvoll ist für uns der Wille Gottes, der eine dreifaltige Gott, die besondere Erwählung Mariens, die Eucharistie, die gerechte Barmherzigkeit Gottes, die Menschwerdung des Sohnes Gottes, die Kirche als das fortwirkende Werk der Erlösung. Das Geheimnis des Glaubens hat seinen Grund nicht in der „Unwissenheit“ des Menschen; die Unwissenheit gibt dem Menschen wohl Rätsel, nicht aber Geheimnisse auf. An die Geheimnisse Gottes dürfen wir glauben und auf ihr Offenbarwerden hoffen. Auch der Mensch weiß sich als Geheimnis, an das er glauben darf, auch wenn er alles über sich zu wissen meint. Jedes göttliche Geheimnis ist auch ein Geheimnis für den Menschen; damit ist der Mensch von Anfang an in das Göttliche, das offenkundig werden soll, hineingestellt.

Heute wird von vielen und oft über den Priestermangel debattiert und beraten. Ist aber nicht auch die fehlende Sehnsucht der Gläubigen nach den Sakramenten die Mitursache der Dürre und Not? Zuweilen können wir einen Blick auf das religiöse Leben in Zahlen werfen. Wie steht es mit der Sehnsucht einer Pfarre, in der nur 10% der Gläubigen die Sonntagsmesse regelmäßig mitfeiern, in der noch weniger als diese 10% die jährliche Beichte halten? Was bringen die Wortspiele von „versorgter“ oder „sorgender“ Gemeinde, wenn großen Teilen der Pfarrei eigentlich völlig gleichgültig ist, wie es um die Sache der Kirche Christi in ihrem Lebensraum steht? Wie glaubwürdig sind Proteste und Interventionen von solchen, für die ein Priester am Ort ein bloß infrastrukturelles Prestige bedeutet? Wir gehen heute einem Punkt der Entscheidung entgegen, an dem eine Minderheit von praktizierenden Gläubigen wieder die betende Solidarität aller Getauften braucht, auch der Fernstehenden, auch der Enttäuschten, auch der Gleichgültigen. Die Priesternot hält uns den Spiegel darüber vor, daß unsere Sehnsucht nach Gott und Erlösung nicht die Dringlichkeit hat, mit der wir im Psalm 42 beten: „Meine Seele dürstet nach Gott, nach dem lebendigen Gott. Wann darf ich kommen und Gottes Antlitz schauen?“

Wissende und Unwissende spielen sich heute als die Schiedsrichter der Welt auf und klagen auch nicht selten die Kirche der Rückständigkeit oder Unmenschlichkeit an, weil sie von der Kirche wohl in ihren Sünden bestätigt, nicht aber bekehrt werden möchten.

Das Sünden- und Schuldbewußtsein des heutigen Menschen ist längst die abgrundtiefe Gottesfrage geworden: Für wen Gott nicht wirklich ist, für den wird es das selbstkritische Gewissensurteil nicht geben, daß er wegen seiner Sünden vor Gott schuldig ist. Was eigentlich Sünde vor Gott ist, erscheint heute vielen Menschen nur mehr als ein soziales, politisches, psychologisches oder ökologisches Problem. Wo aber Gott und seine Gebote keine Rolle mehr spielen, dort ist das Ende der aufgestauten unlösbaren Weltprobleme die Gewalt und nicht mehr die Liebe und Versöhnung. Wollen wir also jenen Frieden finden und bewahren, den die Welt nicht geben kann, müssen wir den lebendigen und wirklichen Gott wiederfinden.

Wenn es heute Diskussionen über religiöse Themen gibt, tritt nach kürzester Zeit das Thema der Sexualität als die „Gottesfrage“ auf, gleichgültig ob man als Thema die Kirchenlieder, die sakrale Kunst oder den neuen Katechismus gewählt hat. Der Mensch von heute hat seine Gottesfrage und Gottesverneinung an der Frage der Sexualität festgebunden, so daß jede Frage nach Formen, Werten, Schöpfungsordnung und Daseinsdeutung den Willen und die Ordnung Gottes bezüglich der Sexualität in Streit stellt.

Zu allen Zeiten wird der Mensch gegen die Wahrheit versucht. Wie oft wird die Wahrheit vertauscht mit der Macht des Stärkeren, mit dem Diktat einer Partei, mit der öffentlichen Meinung, mit Erfolg, Gewinn und Nützlichkeit. Auch weder das Althergebrachte noch das Moderne sind ausreichende Wahrheitsgründe.

Die Naturwissenschaft und auch die Humanwissenschaften entsagen heute immer deutlicher einem Totalitarismus, der schlechthin alles beschreiben und erklären möchte. Die falschen Götzen der Vernunft werden jene Ideen sein, die von einem Welthumanismus, einer Weltreligion träumen; es werden die Formeln von absolut harmonischen und guten Menschen angeboten. Sind solche Ideen denn nicht gut und wohltätig? Sie haben einen Fehler: Es bleibt kein Platz für einen personalen Gott, der uns liebt, der uns die Wahrheit offenbart, der uns von Tod und Sünde erlösen kann.

Es gibt eine Reihe von Irrtümern, die heute der absoluten Geltung einer Ethik widersprechen: Kern dieser Widersprüche ist die Anmaßung der Menschen, autonom und subjektiv selbst zu bestimmen, was gut und böse ist, ohne ein Gesetz Gottes und die Lehre der Kirche zu befragen. Man beruft sich dabei fälschlich auf das II. Vatikanische Konzil, das nicht das autonome Gewissen des Menschen bestätigt, sondern vielmehr lehrt: „Im Inneren seines Gewissens entdeckt der Mensch ein Gesetz, das er sich nicht selbst gibt, sondern dem er gehorchen muß und dessen Stimme ihn immer zur Liebe und zum Tun des Guten und zur Unterlassung des Bösen anruft und, wo nötig, in den Ohren des Herzens tönt: Tu dies, meide jenes" (GS 16). Das sogenannte autonome Gewissen hingegen ist sich selbst letzte Instanz und bestimmt aus sich die sittlichen Normen; die Kirche aber lehrt nicht das eigenmächtige autonome Gewissen, sondern das recht gebildete Gewissen, das sich sein Gesetz nicht selbst gibt, sondern an der Ordnung der Schöpfung und an der Lehre des Glaubens über Gott und den Menschen sich bildet.

Die Anmaßung der Selbstbestimmung des Gewissens 28

Es gehört zur Zeitlosigkeit der göttlichen Wahrheiten, die der Kirche anvertraut sind, daß Menschen diese Wahrheiten nicht ändern, nicht ignorieren, nicht verfälschen dürfen. Es gibt heute den Widerspruch der Welt, der Gottes Wahrheit nicht gelten lassen will; der Widerspruch zur Wahrheit des Glaubens wird dann besonders heftig, wenn konkretes Entscheiden, Urteilen und Leben des Menschen davon betroffen sind.

Der Mensch kann, was er auch immer tut, Gott nicht absetzen und nicht ersetzen. Das ist eine Botschaft, die wir geben und die zu vertreten wir jeden Tag auch berufen sind. Die Gottesverneinung hat eben auch viele Formen: den Autonomismus, eine Freiheit ohne Normen, ohne transzendente Normen, eine Auffassung, die keine Wahrheit mit absoluter Geltung kennt. Und der Mensch wird gewissermaßen ohne gebildetes Gewissen ausgebildet behandelt. Man muß sehr wohl an das Gewissen der Menschen appellieren, aber man muß mit jener Wahrheit zu ihnen sprechen, die sich gegenüber Gott in der Würde des Menschen selber auch begründet.

Es geht um die Wahrheit, und es geht um den Glauben. Und der Glaube ist immer etwas, was in einer Übereinstimmung steht. Der Glaube ist - wie das I. Vatikanische Konzil definiert hat - das Für-wahr-Halten dessen, was Gott uns geoffenbart hat. Denn Gott sagt: Ich bin Gott, ich gebe dir die Gebote, ich bin Gott und liebe Dich, ich bin Gott und berufe Dich zu einem Leben in Gnade und Fülle. Das ist Wahrheit. Das ist nicht irgendeine Meinung oder gar eine schöne Idee, die die Menschen ersonnen haben. Das ist Wahrheit, das ist Offenbarung. Und diese Wahrheit, die muß von uns gelernt werden, sie muß von uns aufgegriffen werden, und diese Wahrheit muß auch von uns bekannt und von uns bezeugt werden.

Das Wort Gottes richtet sich an jeden Menschen, zu jeder Zeit und an jedem Ort der Erde; der Mensch ist von Natur aus Philosoph. In jedem Fall beansprucht das Wort Gottes die Allgemeingültigkeit für jeden Menschen, die Zeitlosigkeit und Unbedingtheit und die grenzüberschreitende Geltung an jedem Ort der Welt. Universalität / Allgemeingültigkeit und zeitlose Unveränderlichkeit in den Normen und Werten der christlichen Morallehre bilden das formale Herzstück in der theologischen und philosophischen Lehre vom sittlich handelnden Menschen in der Enzyklika „Veritatis splendor“ (vgl. Veritatis splendor 51,52,53). Fast alle unzulässigen Abweichungen von der wahren Sittenlehre der Kirche leiden in irgendeiner Weise an Mangel von Allgemeingültigkeit und von Absolutheit, so verschieden auch die Irrtümer sein mögen.

Obwohl die Kirche weder eine eigene Philosophie vorlegt noch irgendeiner besonderen Philosophie auf Kosten einer anderen den Vorzug gibt, hat das Lehramt der Kirche klar und entschieden zu reagieren, wenn fragwürdige philosophische Auffassungen das richtige Verständnis des Geoffenbarten bedrohen und falsche Theorien verbreitet werden, die die Reinheit des Glaubens des Gottesvolkes verwirren oder schwerwiegende Irrtümer hervorrufen. Die Kirche hält daran fest, daß der Glaube über der Vernunft steht; es kann jedoch niemals eine wahre Unstimmigkeit zwischen Glaube und Vernunft geben, denn derselbe Gott, der die Geheimnisse offenbart und den Glauben mitteilt, hat in den menschlichen Geist das Licht der Vernunft gelegt; Gott aber kann sich nicht selbst verleugnen, noch (kann) Wahres Wahrem widersprechen (I. Vat. Dei Filius, IV, DS 3017, Nr. 53).

Der Ursprung aus der einen Wahrheit gestattet nicht, daß Theologie und Philosophie in ihrer wahren Erkenntnis einander widersprechen und ausschließen. Allerdings liegt die Geltung des Geoffenbarten und Geglaubten ungleich höher als die bloße menschliche Erkenntnis der Vernunft. Treten also Widersprüche zwischen Glaube und Vernunft auf, so kann ein Widerspruch nur scheinbar sein, der scheinbare Widerspruch löst sich darin auf, daß nicht falsch oder irrig sein kann, was Gott offenbart, daß aber auch die Seinsoffenheit des Vernunfterkennens nur in jenes göttliche Prinzip der Wahrheit einmünden kann, in dem auch die Ergebnisse des Erkennens und Denkens mit dem vollkommenen Sein Gottes und mit der Seinsfähigkeit des Menschen schließlich bedingungslos und allgemein übereinstimmen.

Kein Widerspruch zwischen Glaube und Vernunft

Die menschliche Vernunft hat ihre Grenzen, denn die göttlichen Geheimnisse übersteigen ihrer Natur nach so die geschaffene Vernunft, daß sie trotz der Übergabe durch die Offenbarung und trotz der Annahme im Glauben doch durch den Schleier des Glaubens selbst bedeckt und vom Dunkel umhüllt bleiben. Niemals kann die menschliche Vernunft erreichen oder durchdringen, was die innersten Geheimnisse Gottes sind; der Glaube steht über der Vernunft. Es kann jedoch zwischen Glauben und Vernunft keinen wirklichen Widerspruch geben, weil derselbe Gott, der die Geheimnisse offenbart und den Glauben eingibt, der Menschenseele auch das Licht der Vernunft gegeben hat. Gott kann aber sich selbst nicht verleugnen, und die Wahrheit kann der Wahrheit nicht widersprechen. Glaube und Vernunft widersprechen einander also nie, vielmehr helfen sie einander gegenseitig, denn die richtig gebrauchte Vernunft erweist die Grundlagen des Glaubens und bildet, vom Glauben erleuchtet, die Wissenschaft von den göttlichen Dingen aus, während der Glaube die Vernunft von Irrtum befreit, sie vor ihm schützt und ihr vielfache Erkenntnis mitteilt.

Gott schenkt beides:
den Glauben und das Licht der Vernunft

Die Wahrheit kann nur eine sein. Die Offenbarung wird mit ihren Inhalten niemals die Vernunft bei ihren Entdeckungen und niemals in ihrer legitimen Autonomie unterdrücken können; umgekehrt muß die Vernunft wissen, daß sie sich nicht zu absoluter und ausschließlicher Gültigkeit erheben kann. Daher darf die Vernunft die Fähigkeit, sich fragen zu lassen und zu fragen, niemals verlieren.

Die Offenbarung ist keine Unterdrückung der Vernunft

Die philosophische Gotteslehre sagt gemeinsam mit der christlichen Offenbarung: Gott ist Geist, Gott ist die Wahrheit, Gott ist die Liebe, Gott ist das Leben, Gott ist unendlich, ewig, vollkommen, unveränderlich, Gott ist einer und einziger, Gott ist allwissend, allgegenwärtig, gerecht und wohlwollend. Gott schafft die Dinge aus dem Nichts, Gott schafft die Seele des Menschen im Menschen. Alle diese Urteile können Aussagen der übernatürlichen Offenbarung in Schrift und Tradition sein; dieselben Urteile können jedoch auch Erkenntnisse der natürlichen menschlichen Vernunft sein. Diese Stimmigkeit von Vernunfterkenntnis und Offenbarung beruht darin, daß der Vernunft und dem Glauben wahre „Seinserkenntnisse“ möglich sind, deren Geltung ihre Gemeinsamkeit darin hat, daß Gott das in allem vollkommene Sein ist und daß auch der geschaffene Geist des Menschen die Fähigkeit zu jedweder Erkenntnis dessen ist, was als Seiendes Sein hat. Die Seinsbezogenheit von Vernunft und Glaube läßt nicht zu, daß Erkenntnisse nur partikulär und bedingt gelten, sondern die ganze Weite der erkennbaren Wirklichkeit betreffen.

Die Frage über die Erkenntnisfähigkeit der natürlichen Vernunft berührt auch wesentlich die Heilsfrage jenes Menschen, der das Evangelium Christi und die Kirche ohne Schuld nicht kennt. Es gibt in der Gottesfrage einen Weg der Schöpfung und der Natur, der für jene Menschen sich auftut, die weder von Christus und Kirche oder vielleicht nicht einmal von Gott gehört haben. Die natürliche Vernunft wird auf diesem Weg zur Präambel von menschlichem Heil, das Gott auch für die Irrenden und Nichtwissenden bereitet. Wer Christus und seine Kirche ohne Schuld nicht kennt, Gott aber aus ehrlichem Herzen sucht, seinen im Anruf des Gewissens erkannten Willen unter dem Einfluß der Gnade in der Tat zu erfüllen trachtet, kann das ewige Heil erlangen. Die göttliche Vorsehung verweigert auch denen das zum Heil Notwendige nicht, die ohne Schuld noch nicht zur ausdrücklichen Anerkennung Gottes gekommen sind, jedoch, nicht ohne die göttliche Gnade, ein rechtes Leben zu führen sich bemühen. „Was sich nämlich an Gutem und Wahrem bei ihnen findet, wird von der Kirche als Vorbereitung für die Frohbotschaft und als Gabe dessen geschätzt, der jeden Menschen erleuchtet, damit er schließlich das Leben habe“ (LG 16).

Die spekulative dogmatische Theologie braucht zu ihrer Selbstgestaltung die Philosophie. Denn die Dogmatik braucht den Gestaltungsraum der Philosophie, um in Begriffen und Urteilen das Geoffenbarte in den Rang des allgemein Mitteilbaren zu heben. Ohne die Philosophie könnte die Theologie z.B. nicht über Gott und seine Schöpfung, über den wahren Gott und wahren Menschen Jesus Christus, über die Dreifaltigkeit angemessen sprechen; aber auch die Moraltheologie wäre nicht lehrbar, wenn die philosophische Ethik nicht Begriffe wie Sittengesetze, Freiheit, Gewissen, Schuld, persönliche Verantwortung definiert und der Theologie zur Ausbildung der Begriffe und zur Argumentation überläßt. Die denkerisch vorgehende Theologie setzt wenigstens implizit eine auf die objektive Wahrheit gegründete Philosophie vom Menschen, von der Welt, vom Sein selbst voraus. Ohne sich also einem konkreten philosophischen System überlassen zu müssen, braucht die Theologie einen anwendbaren Rückgriff der Vernunft auf eine gesamte und begreifbare Wirklichkeit, d. h. auf ein Sein, das mit dem Wahren und Guten konvertibel ist und dessen absolute Konkretion das subsistierende Sein Gottes im Verhältnis der Seinsanalogie zwischen Schöpfer und Geschöpf ist.

Der Mensch ist immer wieder versucht, sich seinen eigenen Gott zu machen; die Menschenfreundlichkeit Gottes wird mißverstanden, wenn der Mensch bestimmen will, wer Gott ist und was Gott wollen darf.

Gott jedoch führt den Weg der Heilsgeschichte über das Kreuz Christi; unser Zeitgeist hingegen will nur einen heiteren, harmonisierenden und gleichgültigen Gott gestatten, so daß Kreuz und Leiden, Opfer und Entsagung als Torheit und Ärgernis gelten und dem gekreuzigten Sohn Gottes die Gefolgschaft verweigert wird. Die Anbetung Gottes ist wahre Anbetung, wenn wir nicht nur den Schöpfer der Welt, sondern auch den gekreuzigten Erlöser als wahren Gott anbeten und hören.

Vieles, was einst geforscht und gelehrt wurde, scheint heute überholt zu sein. Man lächelt hochmütig zuweilen über das, was einst als gültig und wichtig galt. Es ist jedoch die Dankbarkeit, die auch dem längst Überholten noch die zeitlose Größe und Würde gibt. Es wird auch in Zukunft die Dankbarkeit sein, die unseren heutigen Grenzen und Fehlern die Würde eines Schrittes auf dem Weg zum Unerschöpflichen der Wahrheit verleiht.

Die Dankbarkeit verbindet den Menschen mit Gott, dem Schöpfer der Welt und Vater der Menschen. Der tiefste Blick in die Wirklichkeit gelingt uns nicht durch Experimentieren und Berechnen, nicht durch Wissenschaften und Grübeln, sondern durch die Gewißheit, daß das tiefste Geheimnis allen Daseins die Gabe Gottes ist: Alles ist Gabe Gottes. Wer diese Gewißheit bewahrt, der wird in allem Forschen und Wissen niemals jenes Gewissen unterdrücken, das ihm sagt: Das Gute ist zu tun, das Böse ist zu meiden. Die Gabe verweist ständig auf den Geber; das Gewissen ist die Botschaft der Gabe in unserem Erkennen und Wollen.

Einstmals verstanden sich die Naturwissenschaften als ein Lesen im Buch der Schöpfung, im Buch der Natur. Geschwunden ist heute allerdings das Bewußtsein, daß die Schöpfung schon in sich weit mehr an Reichtum, Wissen, Weisheit, Ordnung, Sinn und Leben birgt, als der Mensch je zu ergründen und zu konstruieren vermag. Nicht mehr die „Tat des Anfangs" in der Schöpfung zählt heute, es ist die Projektion und versuchte Rekonstruktion der Schöpfung, die den Menschen nun fasziniert. Über diesem Eifern nach der Machbarkeit, Rekonstruktion und Korrektur der Schöpfung hat der Mensch das einfache „Bewahren" vergessen. Das „Bewahren" als Umgang mit der Schöpfung wäre auch jenes notwendige wissenschaftliche Eingeständnis, daß die Schöpfung mehr Schönheit, Reichtümer und Geheimnisse des Lebens birgt, als der Mensch je zu begreifen und nachzuahmen vermag.

Die Sünde - die schwere Sünde - ist es, in der wir in armseliger Einsamkeit vor Gott stehen. Wer seine Sünde erkennt und bekennt, der gibt Zeugnis von der Wirklichkeit Gottes. Wer dem Menschen die Sünde ausredet, wer die Sünde nur in Strukturen festmacht, wer nur die anderen anklagt, sich selbst aber schont und betrügt, der leugnet Gott. Im Angesicht des wirklichen, lebendigen, gerechten und barmherzigen Gottes wollen wir der Sünde und dem Bösen widersagen: Wir wollen heilig sein, weil Gott heilig ist. Jeder von uns ist aus Gnade zur Heiligkeit berufen. Gott will, „daß alle Menschen gerettet werden und zur Erkenntnis der Wahrheit gelangen." (1 Tim 2,4). Wir werden nicht gerettet, weil wir irren; Gott ist die Wahrheit, wer glaubend und dankend Gott vertrauen will, der kann nicht Zweifel und Irrtum als gottgewolltes Menschsein ausrufen. Mehr als je zuvor erfahren wir heute die Herrschaft des Vaters der Lüge; Jesus nennt den Teufel den Vater der Lüge, einen Mörder von Anfang an. Wenn er lügt, sagt er das, was aus ihm selbst kommt, denn er ist ein Lügner und ist der Vater der Lüge; er steht nicht in der Wahrheit und keine Wahrheit ist in ihm.

Sündenbekenntnis ist Zeugnis von der Wirklichkeit Gottes

Die Wahrheit Christi

Wenn wir auch nur einen einzigen Augenblick haben möchten, in dem Jesus nicht der ewige Sohn Gottes ist, hätte unser Glaube an ihn die Wahrheit verloren; auch nur einmal falschen Göttern opfern, bedeutet die Verleugnung des wahren Glaubens; auch nur ein einziges Mal ein göttliches Gebot durch Ausnahme umgehen, ist Zerstörung der moralischen Wahrheit; auch nur einmal das Gesetz Christi außer Kraft setzen, ist Weggang aus Christi Wort und aus der Wahrheit, die uns frei macht. Der Umgang mit Gottes Wahrheit ist ein anderer. Die Wahrheit verträgt keine Ausnahmen; auch Ausnahmen brauchen ihre Wahrheit; haben sie jedoch einmal ihre Wahrheit, sind sie keine Ausnahmen mehr.

Die Wahrheit Christi gilt immer und überall, für jeden und für jede Tat. Die Gegenwart Christi in seiner Kirche wird umso deutlicher, je klarer sie im Glanz der Wahrheit Christi erstrahlt.

Wer heute oft eine „andere Kirche" will, ahnt nicht mehr, daß die Kirche etwas ganz anderes, ein Mysterium nämlich, ist. Man will der Kirche Demokratie verordnen und spürt gar nicht mehr, daß Meinungen, Mehrheiten und Mittelwege über die göttliche Wahrheit nicht befinden können. Die Kirche ist das von der göttlichen Dreifaltigkeit her geeinte Volk; in diesem Volk Gottes muß Wahrheit die Liebe und Liebe die Wahrheit sein. Die Wahrheit Gottes zeigt sich gelegen oder ungelegen; es ist die Liebe, nicht die Kritik, die sich mit der Wahrheit freut. Die Wahrheit trägt oft das Kreuz der Verfolgung anstelle des Lorbeers der Beliebtheit. Die Wahrheit Christi muß gelebt und gelehrt werden; sie läßt sich vom Menschen nicht machen und nicht beugen; die Wahrheit Christi gilt, weil sie Wahrheit aus Gott ist und zum Heil führt.

Die Wahrheit trägt
oft das Kreuz der Verfolgung

Im religiösen Bereich sind Demokratie und Wahrheit nicht notwendig miteinander verbunden; man kann demokratisch und auch undemokratisch irren; eine Mehrheit bestimmt noch keine Wahrheit.
Als Jesus einmal die Jünger fragte, für wen ihn die Leute halten, erhielt er unterschiedliche Antworten: Johannes der Täufer, Elija, Jeremia oder sonst ein Prophet. Es blieb dem Petrus vorbehalten, die völlig undemoskopische, aber wahre Antwort zu geben: Du bist der Messias, der Sohn des lebendigen Gottes (vgl. Mt 16, 13-19). Auf Petrus hat Christus seine Kirche und ihren Glauben gegründet.

Eine Mehrheit bestimmt noch keine Wahrheit

Zuweilen stehen wir im Widerspruch der Welt; zuweilen verkünden wir die Botschaft Christi mit einem „Ja, aber“, weil wir zwei Herren dienen möchten: der eine Herr ist Christus, der andere Herr ist der Geist der Anpassung an das Denken der Welt. So sagen wir „Ja“ zur Wahrheit Christi, fügen jedoch jenes „aber“ hinzu, womit wir Ausnahmen machen möchten. Schließlich nennen wir unsere Doppeldeutigkeit eine differenziertere Sicht der Dinge und meinen, daß alles gelten soll, nur nichts im Einzelfall.

Seinen Jüngern verspricht Jesus: „Wenn ihr in meinem Wort bleibt, seid ihr wirklich meine Jünger. Ihr werdet die Wahrheit erkennen, und die Wahrheit wird euch frei machen“ (Joh 8,21 f). „Ich bin bei euch alle Tage ...“ - wir können uns nicht damit zufrieden geben, daß Christus irgendwie verborgen bei und unter uns ist. Jesus ist mehr als das stille Glück seiner Jünger; Jesus ist bei uns gegenwärtig anders als eine Erinnerung, anders als ein gelittener Zeitgenosse, anders als in den üblichen Strukturen der Präsenz, der Repräsentanz, der Akzeptanz oder Macht. Er ist gegenwärtig ganz in dem, was er ganz ist: die Wahrheit, das Leben, der Weg.

Die Wahrheit, die Jesus ist, muß auch das Selbstverständnis seiner Kirche sein; wir müssen in Jesu Wort bleiben, dann werden wir die Wahrheit erkennen, die uns frei macht.

Nichts, was des geschaffenen Menschen ist, kann aus Verdienst oder Leistung, aus denkerischer Notwendigkeit oder aus historischer Gesetzmäßigkeit in irgendeiner Weise den Herabstieg Gottes zum Menschen und die Aufnahme der Menschennatur in Gott bezüglich der Menschwerdung Jesu Christi zu einer Notwendigkeit erklären. Zu keiner Zeit noch konnte in den Maßstäben der menschlichen Vernunft erklärt werden, warum Gott in Jesus Christus Mensch geworden ist. Unser Glaube beantwortet dies so: Propter nos homines et propter nostram salutem descendit de coelis.

Die Inkarnation bleibt ausschließlich Geheimnis zwischen Gott und Mensch, in das sich kein objektiviertes profanes Wissen und kein kausales Denken erklärend einmischen können.

In der Inkarnation Christi zeigt die Menschennatur ihre ursprüngliche und reine „Gottesfähigkeit", auch wenn die vielen anderen Menschen ob ihrer Sünden im Widerspruch zur Gottesebenbildlichkeit stehen und ihre „Gottesfähigkeit" der Wiederherstellung durch den Erlöser Jesus Christus bedarf.

Allzugern suchen wir die Beweise für Gottes Dasein und Macht in der Welt und in ihrer sichtbaren Geschichte; noch größer als die Urtat der Schöpfung war das Ereignis der Menschwerdung des göttlichen Schöpferwortes; nur Liebe war, was sich zwischen Gott und dem Menschen ereignen mußte; kein Waffenlärm durfte es sein, kein lautes Schreien und triumphales Ansagen, keine Sensation und keine Deklamation konnten die stille Stunde der Nacht von Bethlehem begleiten. Engel nur sangen, als Gott sich für immer mit dem Menschen, mit dir, verbündete.
Wer du auch bist, ein Heiliger oder ein Sünder, ein Schwacher oder ein Starker, ein Glücklicher oder ein Weinender, ein Zupackender oder ein Zaghafter, ein Begüterter oder ein Notleidender - heute schau nur die Liebe Gottes im göttlichen Jesuskind an. Gott hat dich zuerst geliebt, liebe du auch ihn!

Jesus Christus ist nicht nur der wesensgleiche Sohn Gottes. Jesus Christus ist auch der wahre Mensch, der wahre Mensch aus Maria der Jungfrau. Das bedeutet: Auch Christus hat eine Seele, denn er ist wahrer Mensch. Auch Christus hat einen menschlichen Willen. Auch Christus hat eine menschliche Erkenntnis und ein menschliches Bewußtsein. Wahrer Gott, aber auch wahrer Mensch und immer: Aus Maria der Jungfrau.

Christus ist - durch seine Mutter - uns in allem gleich geworden, außer der Sünde. Wer das alles im Glauben aufnimmt, der wird auch verstehen, daß diese Mutter Christi ohne Sünde sein muß.

Gott selbst hat sich ins System der Schöpfung gestellt, damit die letzten Begründungen und Ziele nicht das Funktionieren der Dinge, sondern die Würde und das Wohl des Menschen seien: Der ewige Sohn Gottes selbst ist ein Mensch geworden unter Milliarden von Menschen. Der Mensch ist daher im System der Schöpfung nicht mehr Ding und Sache, die Schöpfung ist eine Gemeinschaft von Menschen geworden, in der jeder Mensch mehr Würde und Liebenswürdigkeit hat als das ganze System der Dinge. Durch Jesus Christus ist die Schöpfung eine ganz andere geworden; nicht mehr die Dinge und ihr Funktionieren sind die inneren Gründe der Schöpfung, sondern erlöste Menschen vertreten vor Gott das Dasein der Schöpfung.

Seit der Menschwerdung des Sohnes Gottes in Jesus Christus bedeutet die Schöpfung die Erlösung, Bekehrung und Erneuerung des Menschen: Was Gott an seiner Schöpfung liebt, wird durch Christus bewahrt und erhoben; der Mensch wird von der Sünde befreit, weil er Christus aufnehmen und zum Kind Gottes werden kann.

Unsere Augen, unsere Sinne genügen nicht, den auferstandenen Herrn zu erkennen; erst die Liebe öffnet die Augen unseres Glaubens.
Glaube des Erlösten und Auferstehung des Erlösers gehören zusammen; nur der glaubende Mensch kann dem Erlöser wahrhaft begegnen. Nur der liebende Mensch ist des Glaubens an Christus fähig. So sind der Glaube und die Auferstehung der Christusweg zum neuen Menschen, in dem Christus Gestalt gewinnen soll. Nichts in uns darf sich der Liebe Gottes entziehen oder verweigern, alles in uns soll in der Liebe bestehen können. Der Glaube als die Weise der Liebe beansprucht unser ganzes Dasein.
Wenn wir den Auferstandenen bezeugen und feiern, wissen wir: Nur Bekehrte können bekehren; nur Wahrhaftige können die Lüge besiegen; nur Liebende können hoffen und glauben; nur Menschen als Gottes Abbild können erlöst werden.

Der Geist Gottes ist der Geist der Wahrheit. Und wenn dieser Geist Gottes der Kirche gehört, dann muß auch die Kirche der Ort der Wahrheit sein. Nicht irgendein Ort von Suchenden und Irrenden, sondern ein Ort, wo jeder, der will, wo jeder, der in seiner Freiheit und Vernunft das Wagnis des Glaubens auf sich nimmt, die Wahrheit findet und wo jeder auch erfahren kann, wer Gott ist und auch, wer der Mensch ist. Das sind eigentlich die Hauptfragen, die zu beantworten wir auch gesandt sind.

Gott will, daß alle Menschen gerettet werden und zur Erkenntnis der Wahrheit gelangen. Es wäre des Menschen nicht würdig, wenn er nur gewissermaßen sagt: „Ich bin halt der Mensch und irre und taumle mit meinen Irrtümern und Fehlern in irgendein Heil hinein." - Nein! Gott mutet das Heil dem vernunftbegabten und freien Menschen zu, und dieser Mensch soll die Wahrheit erkennen. Und wir wissen um diese Wahrheit. Ich lasse mich gerne immer wieder auch gerade deswegen tadeln, daß ich das Wort „Wahrheit" immer wieder in den Mund nehme. Wahrheit ist das, was nicht ich erfinde, sondern Wahrheit ist das, was Gott uns lehrt. Und wir haben ja als eine Religion der Offenbarung Kenntnis von Gott. Denn wir kennen das Wort Gottes. Wir haben die Botschaft Gottes im Laufe einer langen Geschichte erfahren, aufgenommen und bewahrt.

Die Wahrheit erkennen wir zuerst einmal in dem, der die Offenbarung spricht, in Christus, wie das II. Vatikanische Konzil sagt. Er ist der Weg, die Wahrheit und das Leben. Er ist der größte „Fundamentalist", da er sich so genannt hat. Und so gipfelt auch alles in diesem Ereignis, daß der Sohn Gottes Mensch wurde und daß dieser Sohn Gottes Erlöser der Menschen wurde und gleichsam der Anfang und das Ende ist, Alpha und Omega. Wir haben so viele, wunderbare, auch sprachliche und begriffliche Möglichkeiten, von diesem Christus zu sprechen. Er ist die Wahrheit. Er sagt so. Und sein Wort gilt. Und dieses Wort dürfen wir nicht verdrehen und verfälschen. Wir müssen es ganz vollständig und auch wirklich ohne Abbruch verkünden. Und diese Kirche, die diese Aufgabe übernommen hat, ist die katholische Kirche. Auch das II. Vatikanische Konzil sagt ganz eindeutig, nicht daß es viele Kirchen gibt, sondern: Es gibt nur die eine, heilige, katholische und apostolische Kirche, wie wir das im Glaubensbekenntnis sagen. Und das Konzil sagt: Diese Kirche Jesu Christi, von der so viel Wunderbares gerade im Dokument über die Kirche gesagt wurde, diese Kirche ist die römische Kirche mit Papst und Bischöfen, mit dem Volk Gottes.

Jesus sagt uns: „Wer mich gesehen hat, hat den Vater gesehen." (Joh 14,9). Alle zum Heil führende Wahrheit kann nur die Wahrheit Christi sein. Wie können Christen heute behaupten, daß Christus und seine Kirche sich der Realität des heutigen Menschen anpassen müssen, daß Gott sich ändern muß, damit wir ihn annehmen? Wiederholt sich die Tragik: „Er kam in sein Eigentum, doch die Seinen nahmen ihn nicht auf" (Joh 1,11)?
Kann es sein, daß die Seinen Jesus nicht aufnahmen, weil sie mit „Mehrheit" seine Botschaft und sein Gesetz ablehnten? Die Gottesverneinung unserer Zeit hat viele Weisen, aber immer ist sie ein Widerstand gegen den Willen Gottes, dessen Gebote und Ordnung dem erbsündigen Menschen nicht gefallen. Jede Diskussion und jede Auseinandersetzung in Religion und Kirche betreffen die Wahrheit und Wirklichkeit Gottes.

Es erlöst uns, das wissen wir, Jesus Christus, der Mensch wurde, der am Kreuz gestorben ist, und diese Sätze müssen wir wieder sagen. Es ist nicht so, daß der Mensch so ein wunderbares Wesen ohne Makel und Fehl ist. Wie oft wissen wir das ganz genau. Und dennoch wird immer wieder den Menschen geschmeichelt. Aber wir werden in einer Schuld geboren. Es ist nicht eine Schuld, die uns verwirft, aber es ist eine wahre Schuld, die uns in einer gewissen Weise nicht ganz, aber dennoch stark von der Liebe zu Gott entfernt.

Nun geht es darum, daß wir den Menschen sagen, die ja alle vollkommen sein wollen, die alle glänzen wollen, die alle großartig sein wollen: Nicht durch natürliche Selbstverwirklichung erlöst sich der Mensch. Es ist nicht unsere Leistung, sondern es ist die Gnade Gottes, die uns befreit und uns zu wahren Menschen macht. Es ist dies der wahre Mensch, zu dem wir durch die Erlösung werden, Personen, die Gottes Abbild und Gotteskinder sind.

Wir Christen üben Toleranz, nicht weil wir auf die Wahrheit verzichten, sondern weil wir die Wahrheit über Gott und auch über die Würde der Person kennen und verteidigen. Und so ist Toleranz ohne oder gegen die Wahrheit nicht der Weg der Christen. Toleranz definiert sich also nicht, wie man so oft sagt, durch irgendeinen Verzicht auf Wahrheit, auch nicht durch Mehrheit oder Minderheit. Zur Toleranz sind wir alle verpflichtet, weil wir die Wahrheit von Gott kennen und von der Würde eines jeden Menschen. Und zur Toleranz sind wir verpflichtet nicht durch Mehrheit oder Minderheit. Es ist auch nicht wahr, daß eine Minderheit jedesmal, weil sie Minderheit ist, recht hat und mehr Toleranz beanspruchen darf als eine andere Gruppe. Es ist die Minderheit genauso zur Toleranz verpflichtet wie die Mehrheit. Und vor allem auch: Wir sollen uns nicht zu solchen Banalitäten hinreißen lassen, daß wir meinen, die Wahrheit liegt in religiösen Dingen - und vor allem auch in sittlichen Dingen - „in der Mitte“. Die Mitte dieser Art gibt es nicht. Es gibt nur die Wahrheit.

Zur Toleranz sind wir verpflichtet -
aber niemals ohne oder gegen die Wahrheit

Der Heilige Geist ist der Geist der Wahrheit, aber er ist der Geist der Wahrheit Christi; der Geist wird nichts sagen, was nicht von Christus und vom Vater ist. Wenn wir das Wirken des Geistes begreifen wollen, geht es um die Verherrlichung des Sohnes Gottes Jesus Christus; niemals kann der Geist etwas anderes sein als die Verherrlichung Christi in der Verkündigung. Das Wort „Verherrlichung“ bleibt jedoch geheimnisvoll und läßt sich nicht erschöpfend in konkreten Taten und Ereignissen beschreiben. Wenn also der Geist in der Kirche Christi wirkt, ereignet sich im geheimnisvollen Leib der Kirche eine einzigartige Übereinstimmung von Christus und Kirche; diese Übereinstimmung ist die Verherrlichung Christi durch den Heiligen Geist in der Kirche.

Der Heilige Geist ist der Geist der Wahrheit Christi

Der Geist steht in keinem Gegensatz zur Wahrheit Christi; der Geist ist das konkrete „Hier“ und „Jetzt“ dessen, was Christus uns offenbart: „Was mein ist, wird er nehmen und euch verkünden“ (Joh 16,14). Der Heilige Geist bringt uns nichts Neues, was im Gegensatz zu Christus stünde; er ist die allzeitige Übereinstimmung mit der Wahrheit Christi, er verherrlicht Christus. Der Geist, der Christus verherrlicht, erhöht alles und erhellt alles, was der Erlöser dem Menschen gibt. Der Geist wirkt damit gegen alles, was die Wahrheit und Gnade Christi verdunkeln oder kompromittieren könnte, denn er nimmt alles von Christus und verherrlicht dieses in Verkündigung und Leben der Kirche.

Der Heilige Geist
erhellt und verkündet die Wahrheit Christi

Zu allen Zeiten der Kirche gab es auch Mißverständnisse über den Heiligen Geist. Nicht selten betrachtete man das Wesen und Wirken des Geistes als eine chaotische Vielfalt von Meinungen, Irritationen und spirituellen Beliebigkeiten. Diese verwirren und bauen nicht auf, sie geben sich als Liebe aus, ohne den Anspruch von Wahrheit gelten zu lassen. Paulus kannte das Problem des Chaotischen, wenn er den Christen von Korinth schreibt: „Vor der Gemeinde will ich lieber fünf Worte mit Verstand reden, um auch andere zu unterweisen, als verzückt zehntausend Worte stammeln." (1 Kor 14,19) Es genügt also nicht, den Heiligen Geist mit einem erhebenden Ereignis, mit einem frommen Gefühl der Verzückung oder mit einer Erfahrung von Freiheit ohne Urteil des gebildeten Gewissens zu identifizieren. Das Chaotische, das Emotionale oder das frei Improvisierte beschreiben nicht die Wirklichkeit des Heiligen Geistes.

Die Wahrheit über den Menschen

Der Mensch ist das wunderbare Geschöpf Gottes; der Mensch kann Großes vollbringen; der Mensch ist gewissermaßen die Mitte aller Dinge; der Mensch jedoch selbst ist erst wahrer Mensch, wenn er ein geheiligter und heiliger Mensch ist. Bloß Mensch zu sein, genügt nicht für den Menschen; der Mensch bedarf der Liebe Gottes, er muß von allem erlöst sein, was ihn als Sünde und Schuld an sein Selbst fesselt; er muß durch Gottes Gnade erhoben und gerettet sein; der Mensch muß heilig sein, weil Gott heilig ist. Gott sagt: „Erweist euch als heilig und seid heilig, weil ich heilig bin“ (Lev 11,44). Der heilige Gott - der geheiligte Mensch: In dieser Übereinstimmung von Mensch und Gott ereignet sich das Drama, das wir unser Leben nennen und das einst Leben in Fülle sein soll.

Es ist nicht richtig, die Vorgänge in Österreich als einen Streit um nichtige Dinge anzusehen; worum es geht, ist eine ernste Sache: Es geht um die Identität der Kirche in der Glaubenslehre; es geht um das Bleibende, das wir von Christus und den Aposteln für alle Zeiten übernommen haben; es geht nicht um Macht, sondern um die Vollmacht, die jene auszuüben haben, die als Bischöfe, Priester und Diakone je auf ihre Weise den Aposteln Christi nachfolgen. Es geht aber auch um die „Wahrheit über den Menschen", die darin gründet, daß Gott jeden Menschen als sein Abbild schuf; die Würde der menschlichen Person ist eine Wahrheit über den Menschen, die weltgestaltende Kraft hat, weil sie die Menschheit immer tiefer in das Begreifen und Respektieren der Menschenrechte hineinführt. Friede wird kommen, und Friede wird sein, wenn die Menschenrechte überall, für jeden Menschen und für alle Zeiten gelten.

Wenn es gültige Antworten über Gott und Mensch geben soll, müssen wir prüfen, aus welchem Ursprung es darüber Antworten gibt. Nicht alles, was wir empfinden, kann uns etwas vom Geheimnis des Menschen verraten; nicht alles, was wir begehren, stimmt mit der Wahrheit über den Menschen überein. Auch nicht alles, was wir über Gott meinen, hat mit Gottes Wirklichkeit zu tun. In diesen letzten Fragen über Gott und den Menschen besteht die Gefahr, daß wir über Gott und Mensch ohne Zusammenhang mit den Ursprüngen unseres Glaubens reden wollen, so als hätten wir heute gerade alles erst hervorgebracht.

Der ins irdische Dasein gestellte Mensch fragt nach seinem Ursprung: Woher komme ich? Derselbe Mensch fragt auch nach seinem Ziel: Wohin gehe ich? Solche Fragen stellt unsere Vernunft; aber unsere Vernunft reicht nicht über unser begrenztes Dasein hinaus. Was Ursprung und Ziel des Menschen ist, das ist nicht in einem bloßen Begriff der Vernunft verwirklicht. Diese so drängende und fragende Sehnsucht des Menschen erfüllt sich im Leben des Gottessohnes Jesus Christus, der aus der Ewigkeit Gottes zu uns herabstieg, als Mensch unter uns wohnte, der das Sterben erlitt, der vom Tod erstand, der lebt und nicht mehr stirbt in alle Ewigkeit. Im auferstandenen Christus kommt die Wahrheit über den Menschen zu ihrem erfüllten Ganzen, das Ursprung und Ziel als unser erlöstes Leben sichert.
Es ist gar nicht leicht, unser Leben im Plan Gottes zu begreifen und die Absichten Gottes konkret zu leben. Aber es lebt für uns und mit uns jener Gott und Mensch, der ohne Sünde ist, der der heiligste und vollkommene Mensch ist: Jesus Christus. Nichts mehr ist in Christus bloße Idee und bloßer Wunsch; er ist der Weg, er ist die Wahrheit im Leben.

In und durch Christus steht auch der Mensch in seinem Glauben und in seiner Gottesbegegnung in der Ewigkeit und Unendlichkeit Gottes. Hier ist der Ursprung und die kundtuende Kraft der Geheimnisse Gottes für die Inkarnation des Gottessohnes und für die Erlösung des Menschen. Wenn also der Modernismus in Jesus einen profanen Ausgangspunkt festlegt, kann nichts Ewiges und Unendliches offenkundig werden, was dem Begreifen über den Menschen diente. Der dilettantische Humanismus des Modernismus beginnt mit dem historischen Menschen Jesus dort, wo schon alles über den Menschen aus den Absichten Gottes vorgegeben ist und nichts Erleuchtendes mehr erwirkt werden kann. Das Ewige und Göttliche, worauf sich der Mensch durch Christus bezieht, ist der Ursprung der Menschenwürde und der Menschenrechte, ist der Halt der Menschenseele und ihrer Kräfte, denn ein in die Geschichte sich verirrender Jesus wäre nicht von jenem Ganzen getragen, das der Glaube fordert.

Was die Menschen heute meinen, wenn sie „Leben“ sagen, reicht bei weitem nicht aus, um jenes Leben zu beschreiben und zu begreifen, das Jesus selbst gibt; das Leben uns in Fülle zu geben, ist Jesus gekommen (vgl. Joh 10,10). Das Leben des Menschen ist etwas Heiliges und Unantastbares. Niemals und unter keinen Umständen ist es erlaubt, einem unschuldigen Menschen das leibliche Leben zu nehmen; damit schützt Gott das Leben des ungeborenen Kindes genauso unbedingt wie das Leben des behinderten, des alten, des kranken Menschen.

Es ist aber auch niemals erlaubt, die Seele, den Geist, die Freiheit und das Gewissen eines Menschen zu verderben. Christus selbst sagt über die Verführung zur Sünde: „Wer einen dieser Kleinen, die an mich glauben, zu Bösem verleitet, für den wäre es besser, wenn man ihn mit einem Mühlstein um den Hals im tiefen Meer versenken würde“ (Mt 18,6). Auch die Verführung zum Bösen ist ein Anschlag auf das Leben des Menschen; denn das Böse im Menschen würde ein Leben bedingen, das in Feindschaft mit Gott steht, der der Urheber des Lebens ist.

Wer das Weihnachtsfest verstehen will, muß an den Anfang zurückkehren. Was tat Gott am Anfang? Gott schuf die Welt, Gott schuf das Licht und das Leben, Gott schuf den Menschen. Gott schuf den Menschen als sein Ebenbild, nach seinem eigenen Bild und Gleichnis schuf Gott den Menschen. Als Gott den Menschen als Mann und Frau geschaffen hatte, sah er, daß es sehr gut war, was er geschaffen hatte. So bedeutete der Mensch von Anfang an jenen liebevollen Gedanken Gottes: Wie gut, daß es dich gibt! Jeder von uns trägt dieses liebevolle Urteil Gottes als sein größtes Lebensgeheimnis in sich: Wie gut, daß es dich gibt.

Gegen sein größtes Lebensgeheimnis hat der Mensch durch die Sünde Widerstand geleistet. Als der erste Mensch in die Sünde fiel, wollte er nicht mehr das Wohlwollen Gottes, nein, er wollte sich selbst wie ein Gott bestätigen, er wollte nicht mehr die größte Gabe Gottes sein, er wollte ohne Gott das Maß und das Ziel seiner selbst sein.

Maria ist vom ersten Augenblick ihres Menschendaseins an von der Erbsünde ausgenommen. Sie war nie damit befleckt und deswegen sprechen wir von der „unbefleckten Empfängnis“ und deswegen ist Maria von Anfang an der Höhepunkt der Heiligkeit, der Höhepunkt der Gottgefälligkeit und alles, was Gott tut gegen den Verfall der Schöpfung und in seinem Sohn Jesus Christus vollendet, all das beginnt und ruht im Geheimnis einer Mutter.

Mutter - das ist das schönste Wort, das die Welt kennt und jede Mutter, jede menschliche Mutter ist auch der Ort, an dem Gott den Leib des Menschen formt. Wie wir sind und wie wir aussehen, das bekommen wir alle aus den Vorbestimmungen der mütterlichen Liebe.

Und die menschliche Seele? Das ist nicht eine evolutive Sache, die so kommt, weil eben der Mensch ein wenig höher stehen muß als andere Lebewesen, nein, die Seele, so lehrt unser Glaube, wird von Gott geschaffen und zwar jedesmal neu im Schoße einer menschlichen Mutter. Und so kann man von jeder Mutter sagen, sie ist jener „Ort", in dem Gott uns die Seele schenkte.

Die Mutter - der „Ort",
in dem Gott uns die Seele schenkte

Wegen der Menschen, die einst in Adam sündigten und heute immer wieder sündigen, wurde Jesus Christus der Erlöser des Menschen. Auch wir tun manches wegen der Menschen: Wir ärgern uns wegen eines Menschen; wir verhalten uns ohne Überzeugung wegen der Anpassung an die Menschen; wir verraten manches wegen der Menschen; wir verlieren den Mut wegen der Menschen. Wenn jedoch Gott wegen der Menschen etwas tut, tut er alles für die Menschen. Wegen der Menschen bleibt bei uns vieles unvollendet, unvollkommen und ungetan; nicht so bei Gott: Was Gott wegen der Menschen tut, tut er ganz für den Menschen.

Wer also Gottes Wirken begreifen will, muß Gottes Güte für uns mitdenken: Gott tut nicht einfach etwas, er tut es für uns.

Jeder Mensch ist für Gott so viel wert, daß Gott alles, was er in Schöpfung und Erlösung wirkt, auch für einen einzigen Menschen tun würde. Schon ein einziger Mensch kann der empfangende Inbegriff aller Güte und Weisheit Gottes sein. Schon in einem einzigen Menschen kann Gottes volle Größe und Gnade erstrahlen.

Für alle ist der Erlöser am Kreuz gestorben. Gott liebt jeden Menschen und eröffnet jedem einen Weg, damit er gerettet wird und zur Erkenntnis der Wahrheit gelangt (vgl. 1 Tim 2,4). Wie groß aber ist heute die Versuchung der Christen, diese Weite der Liebe Gottes einzugrenzen; viele wollen nur jene lieben, die sie sich selbst erwählt oder bestellt haben. So redet man von Liebe und grenzt die Mißliebigen aus; man verkündet die Ideale von Frieden und Toleranz und bekämpft die Ungeliebten als Unrat; man schwärmt von Gemeinschaft und Brüderlichkeit und liefert die Unerwählten dem Haß, Spott und der Verleumdung aus.
Jeder Mensch ist ein unsagbares Geheimnis der Liebe Gottes. Woher nehmen wir das Recht, Gottes Liebe durch unsere Willkür und Vorlieben zu verengen? Bekehrung tut not, auch in unserer Kirche.

Jeder Mensch ist für sich „Person“ mit unverlierbarer Würde und mit entsprechenden Rechten; selbst das Gesamt aller Menschen, das ein Gesamt von Personen ist, übertrifft in nichts die Würde und Rechte der einzelnen Person; so ist die Heilsgeschichte nie das Ergebnis aus einer Summe von Abläufen, sondern immer nur die jeweils neue Kundgabe der unveränderlichen Wahrheit Gottes und der Wahrheit über den Menschen; denn die Heilsgeschichte schreitet nicht nach einer Art Evolution voran, sondern ereignet sich immer neu an der Wahrheit und Würde jeder menschlichen Person, die jede aus ihrem Dasein Gottes Bild und Gleichnis ist.

Die Vorrangigkeit des Personalen schließt das Soziale der Gemeinschaftlichkeit nicht aus; das Soziale begründet jedoch nicht das Personale, während umgekehrt das Soziale im Verhältnis von Personen sich begründet. In dieser Vorrangigkeit des einmaligen, einzigen und unwiederholbaren Personalen liegt das theologische Spezifikum von Johannes Paul II., welches das Herz seines Wirkens und Lehrens ist: Alles göttliche Wirken, alle Heilstaten Gottes, alle Wahrheit und alle Gemeinschaft der Liebe messen und rechtfertigen sich an der einzelnen menschlichen Person. Was nicht am Ernst der einzelnen Person einzubringen ist, kann nicht Erlösung sein; was der Mensch nicht als Person verantworten kann, ist nicht Verantwortung; was nicht als in der Person jeweils verwirklicht ist, kann nicht die göttliche Wahrheit über den Menschen sein; was nicht der Person entspringt, kann nicht Liebe sein; wenn es nicht die von Gott berufene und begnadete Person gibt, kann es keine Kirche geben. Viele andere Beispiele wären über das eine sagbar, daß die einzelne Person jenes Geschöpf ist, in das allein sich alles Wirken Gottes einbringt und in dem die Erlösung geschieht.

Es ist eine plausible Erkenntnis, daß der Mensch die Gemeinschaft braucht: die Familie, den Staat, die Kirche und viele andere gemeinschaftliche Gebilde. Vieles in der Entfaltung seiner Persönlichkeit könnte der Mensch ohne Gemeinschaft nicht erreichen; vieles Menschliche ist nur in gemeinschaftlicher Anstrengung und in Gemeinschaft möglich. Dennoch liegt das Wesen des gottgeschaffenen Menschen vor allem Gemeinschaftlichen; der Mensch, nicht die Gemeinschaft der Menschen, ist jene einzige Kreatur auf Erden, die Gott um ihrer selbst willen wollte. Was für den Menschen wesentlich ist: der Geist, das Denken und Erkennen, das Wollen und die Freiheit, das Daseinsrecht und die Verantwortung, die Würde und die Rechte, sind dem Menschen schon gegeben, ehe der Mensch sich in der Gemeinschaft entfaltet.

Wir schauen auf die Probleme der Welt und verharren mutlos und untätig, weil uns die Probleme unlösbar und Lösungen unmachbar erscheinen. Dabei sind wir versucht zu vergessen, daß wir schon jetzt das Richtige, Gute, Menschenwürdige denken, entscheiden, tun können; als Personen können wir tun und geschehen lassen, was auch im Gesamten der Welt der Weg zu Gerechtigkeit, Wohl und Frieden wäre. Schon ein einziger Christ, eine einzige Person, kann jenes Gefüge leben und geben, das auch das Gefüge einer gerechten und menschenwürdigen Welt sein könnte: es wäre der erste Schritt zu jener Weltanschauung, daß die Menschen nicht Summe und Resultat, sondern eine Gemeinschaft von Personen in der Welt sind.

Nicht Summe,
sondern Gemeinschaft von Personen

Es ist der Kirche zu keiner Zeit eingefallen, daß ein „katholisches Rechnen", eine „katholische Physik“ oder ein „katholischer Sprachunterricht“ eine Notwendigkeit wären.
Der Lehr- und Lernprozeß katholischer Einrichtungen braucht vor allem den glaubenden Lehrenden, eine spezifisch katholische innere Ordnung und eine vorurteilslose Bereitschaft des Studierenden, sich nicht nur dem Erkennen und Wissen, sondern auch dem Anspruch des Göttlichen aufzutun, das Gelernte - wie Maria - zu bewahren und im Herzen zu erwägen.
Seien wir uns bewußt, daß der Mensch nicht nur Wissen, sondern auch ein unzerstörbares und mit seinem Menschsein verbundenes Gewissen hat. So sollte die Gewissensbildung die Eigenart katholischer Bildung und Erziehung sein, die die personale und geistige Identität des Menschen gestaltet. Im Gewissen ordnet sich das Wissen; das Gewissen sei das Maß des Wissens, damit dies nicht in den Verdacht gerät, in seiner Maßlosigkeit den Menschen und seine Welt zu zerstören.

Gewissensbildung
als Eigenart katholischer Erziehung

Denken Sie immer an die unsterbliche Seele des jungen Menschen, die von Gott erschaffen ist, nach seinem Bild und Gleichnis. In dieser unsterblichen Seele ruhen Vernunft und Freiheit, die Gaben des Glaubens, der Hoffnung und der Liebe; die gottgerechte Gestaltung der Seele ist das Gewissen, an dessen Entfaltung und Bildung Sie mitwirken dürfen. Entdecken und beschützen Sie die Seele des Kindes; Sie werden dabei auch Ihre eigene Seele vernehmen. Denn von Seele zu Seele hat Gott die Zwiesprache der Liebe, die allen Fragen voraus ist, gegründet.

Der junge Mensch ist nicht einfach jenes formlose Wachs, das nur von der autonomen Selbstbestimmung und vom Milieu geprägt wird. In jedem Menschen ruht die unzerstörbare Sehnsucht, ein „wahrer" Mensch zu sein; diese Sehnsucht der lernenden Kinder braucht oft und immer wieder den Zuspruch der Lehrenden: Du bist Gottes Bild und Gleichnis; suche die Übereinstimmung mit Gott, dessen Bild und Gleichnis du bist, und du wirst jener wahre Mensch sein, der sich in Gottes Welt zurechtfindet, den Menschen als Bruder und Schwester erkennt und allen kundtut, was des Menschen würdig ist.
Viel zu einsam und hilflos ist der junge Mensch, wenn man ihm von seiner Freiheit nur das bloße Wissen davon gibt, daß er frei ist. Im gelebten Leben bleibt nicht viel von jener Philosophie übrig, daß die Freiheit des Menschen von nichts vorgeprägt ist und absolut schöpferisch ist. Letztlich ist eine solche Freiheit nur die Illusion des Solipsisten und des Selbstherrlichen.

Der Mensch kann sich seine Wahrheit nicht selbst machen; die Wahrheit muß ihm von Gott geschenkt sein, damit sie sein Innerstes sein kann. „Menschlicher“ können Mensch und Geschichte nur werden, wenn die Wahrheit über den Menschen der selbstherrlichen Eigenmächtigkeit des Menschen entzogen ist und diese Wahrheit dem Menschen dennoch ganz eigen ist.

Wie oft hören die Menschen das Vorurteil: Es gibt nur Meinungen, es kann keine Wahrheit geben; niemand hat die Wahrheit gepachtet, niemand kann die Wahrheit erkennen; wir sind Suchende, niemals werden wir sie finden. Dieser Verdacht gegen alle Wahrheit klingt moderat und bescheiden, doch ist er ein Vorurteil gegen den Glauben. Denn es liegt im Wesen des Glaubens, etwas für wahr zu halten, das Gott uns gesagt hat; die Wahrheit gehört zum Wesen des Glaubens und des Geglaubten. Wie sollen die Menschen glauben können, wenn sie in einer Welt der Vorurteile gegen Wahrheit leben, erzogen und gebildet werden?

Ein anderes Vorurteil ist nicht minder gravierend: Treue ist nicht möglich. Mit dieser Behauptung vollziehen nicht wenige den Abfall vom Glauben, den Auszug aus der Kirche, den Ehebruch, die Untreue zur gelobten Ehelosigkeit und den Ausstieg aus der Nachfolge Christi. Sie suchen das Experiment der freien Selbstverwirklichung und verraten gleichzeitig ihr Selbst, dem sie keine Treue mehr zutrauen wollen. Mit einer banalen Formel des Vorurteils wird die Unzuverlässigkeit zum Standard jener Menschen, die heute wie Monaden des Egoismus durch ihre Welt ohne Würde, ohne Normen und ohne Mitte tanzen.

Die Eigenmächtigkeit des Menschen ist vor allem in das Gewissen eingedrungen, wo der Mensch ganz allein und ohne Rücksicht auf Gottes Gesetze bestimmen möchte, was gut und böse ist. Diese Eigenmächtigkeit des „autonomen Gewissens" verweigert sich den Geboten Gottes und will sich an nichts binden, nicht einmal an die logische Konsequenz der eigenen Entscheidungen: Zuverlässigkeit, Treue, Wahrhaftigkeit, Vertrauen, Solidarität, Ordnung und Gemeinwohl sind von jener Eigenmächtigkeit gefährdet, die sich irrtümlich Gewissen nennt und sich für das Letztgültige der moralischen Entscheidung hält. Diese Verkennung des Gewissens ist die Quelle jener „schizophrenen" Moral, die heute das moralische Bewußtsein verwirrt: Man schwärmt vom Leben und tötet die ungeborenen Kinder; man verspricht alles und löst wenig ein; man verkündet Frieden und Toleranz und verweigert sich den Ungeliebten und Unerwünschten; man redet von Gott und meint nur sich selbst; man beklagt sich als Opfer und ist in Wirklichkeit selbst der Täter; man spricht von Werten und macht sofort Ausnahmen; man schließt ständig Frieden und führt den Krieg unbekümmert weiter.

Aus vielen Quellen kommt der Irrtum des autonomen Gewissens, vor allem soll das autonome Gewissen die Emanzipation des Menschen von Gott, von religiöser Wahrheit, von Fremdbestimmung durch Kirche und Lehramt, von Erziehung und gesellschaftlicher Abhängigkeit sichern. Es ist eine Variante des theologischen, philosophischen und politischen Liberalismus, der in der irrtümlichen Behauptung des autonomen Gewissens auftritt. Es ist die Faszination des Modernen, die mit der Autonomie des Menschen zu einem Menschenbild verführt, das ohne Gott gelten will und jede Transzendenz von Normen und Werten in Abrede stellt.

Wird die Autonomie des Gewissens konsequent durchgedacht, wird es zu einer hohen Gefahr für den Menschen: Wer will einem sogenannten autonomen Gewissen entgegenhalten, daß Töten und Beschädigen eines schuldlosen Menschen eine zu strafende Schuld bedeutet, wenn der vermeintlich autonome Mensch sich dabei auf sein autonomes Gewissen beruft, das ihn zum Töten angeblich berechtigt? Das autonome Gewissen ist in seiner Beliebigkeit eigentlich grenzenlos und daher eine Gefahr. Wie sollen die Verbrechen am Menschen gerichtet und bestraft werden, wenn der autonome Mensch keine Gebote und Verbote anerkennt, die ihm von Gott, von der Gesellschaft, vom Gesetzgeber und von der Schöpfungsordnung auferlegt werden? Für Menschen mit Macht kann das autonome Gewissen zu einem gefährlichen Feuer werden, das keine Grenzen kennt.

Freiheit und Selbstbestimmung sind noch nicht die Gewähr dafür, daß der Mensch gemäß seinem Gewissen sittlich handelt; der Mensch wird nach der Übereinstimmung seines Gewissens mit jenem Gesetz, das er sich nicht selbst gibt und dem er gehorchen muß, fragen müssen. Die Frage nach dieser Übereinstimmung ist die Frage nach der Wahrheit des Gewissens, der sich der Mensch nicht entziehen kann, wenn er gemäß seinem Gewissen sittlich gut handeln will. Solange der Mensch nicht nach der Wahrheit des Gewissens fragt, bleibt er ein gefährlicher Zeitgenosse, der die schlimmsten Taten damit rechtfertigen könnte, daß er eben dem völlig von sich selbst bestimmten Gewissen folgt.

Es ist das sittliche Gewissen des Menschen, das an Grenzen erinnert, die nicht überschritten werden dürfen; was aber in seiner Maßlosigkeit sich keine Grenzen setzen läßt, zerstört im letzten sich selbst, ob im Sport, ob im Konsum, ob im rücksichtslosen Gewinnstreben, ob in der Einschätzung der eigenen Fähigkeiten und Möglichkeiten. Das allgemeine Wissen um die Grenzen des Menschen drückt sich im Gewissensurteil aus: das ist gut, menschenwürdig und menschengerecht - du darfst es tun; das ist böse, gegen die Ordnung des Schöpfers, gegen die Gerechtigkeit und Liebe, gegen Anstand und Würde - meide das Böse!

Es gibt also durchaus eine Zuständigkeit des christlichen Glaubens und der Kirche in Bereichen, die Grenzen haben und brauchen; auch der Sport braucht die Erinnerung an diese Grenzen. Grenze gegenüber allem Maßlosen ist der Mensch selbst, der die Gesundheit braucht, der dem Gemeinwohl verpflichtet ist, der ohne Wahrheit und Liebe nicht leben kann, der in seinem Leben in jeder Selbstverwirklichung einen Plan Gottes zu erfüllen hat. Maßlosigkeit ohne Grenzen wäre Chaos; Ehrfurcht vor den Grenzen macht Leistung und Anstrengung menschenwürdig.

Sagt nie auf ein böses Wort wieder ein böses Wort. Sagt die Wahrheit, seid mutig! Rückt den Irrtum zurecht; aber tut nur Gutes! Und damit wird niemand unsere Kirche und unsere Gläubigen aus der Fassung bringen. Die Panik, die Hektik, die Katastrophen-Stimmung beginnt immer dort, wo den Menschen nicht mehr einfällt, was sie Gutes tun müssen; aber solange uns und Euch einfällt, was wir Gutes tun müssen, wird es Frieden, den wahren Frieden, geben.

Das Geheimnis des Christseins liegt nicht darin, daß Menschen von Gott und Jesus Christus eine bestimmte „Meinung“ haben und das eine oder andere zu tun bereit sind. Das Geheimnis des Christseins liegt im „Ganzen", im Vorbehaltlosen der Hingabe an Gott und an die Menschen. „Totus tuus“ des Christen kann nicht heißen: „Ein bißchen liebe ich, manchmal liebe ich, unter gewissen Bedingungen liebe ich, nur bei Gegenliebe liebe ich, zuerst liebe ich mich und meine Interessen." Wer nur ein bißchen Christ sein will, der ist noch kein Christ und Jünger Jesu.

Entdecke du dich in Jesus Christus! In Jesus Christus beantworten sich alle Rätsel des Menschen: das Leid, das Leben, das Glück, Gabe und Gnade, Schuld, Krankheit, Not und Sterben, alle diese Rätsel, die jeder von uns kennt, sie beantworten sich in Christus. Und warum beantworten sie sich in ihm? Denn alles, was für uns Leben und Rätsel ist, das ist durch Jesus Christus, den wahren Gott und wahren Menschen, vom Leben verwandelt in Liebe. Das ist der große Umgestaltungsprozeß, den Gott mit seiner Gnade und Liebe in Gang gebracht hat durch Christus, den Erlöser, und den Heiligen Geist. Das, was für uns oft noch hartes, unverstandenes und auch oft sündiges Leben ist, es ist durch Christus umgewandelt in Liebe, in reine Liebe. Christus hat den Beweis dafür angetreten, daß dein Leben, dein Leid, dein Glück und auch dein Sterben nicht Leben, sondern im innersten Liebe sei. Liebe, reine Liebe, ja Liebe, der von der Schrift verheißen ist, daß sie niemals aufhört und daß sie stärker ist als der Tod. Entdecke dich in Jesus! Das ist keine Philosophie, das ist keine Selbstfindung moderner Art, das ist keine Gefühlsabsättigung. Nein, entdecke du dich in Jesus - da ist Leben, das in Liebe sich wandelt.

Jeder Augenblick könnte der letzte Augenblick unseres irdischen Lebens sein; daher muß jeder Augenblick groß genug sein, um in die Ewigkeit Gottes einzumünden; daher muß jeder Augenblick von unserer Hingabe an Gott erfüllt sein, damit sich unser Leben in jene Liebe verwandelt, die niemals aufhört, die stärker als der Tod ist. Wer durch Christus dieses Heute Gottes begreift, der weiß: Ich lebe nicht auf Probe, ich liebe nicht auf Probe, ich sterbe nicht auf Probe; jeder Augenblick ist schon vom Ernst der Heiligkeit Gottes erfüllt.

Der Mensch hat heute oft den Sinn für das Ganze und Unteilbare verloren. Der Mensch, der fern von Gott lebt, kann oft nicht begreifen, daß es in jedem Augenblick seines Lebens und Tuns ständig um das Ganze geht. Das Leben kann nicht geprobt werden, die Liebe kann nicht studiert werden, Gott kann man ohne Entscheidung nicht begegnen; all das wartet bei aller Mühe und Zerbrechlichkeit des Menschen nur auf diese Antwort: „Totus tuus". Leider wird mit dem verächtlich machenden Wort des „Fundamentalismus“ das bedacht, was der Mensch heute zu begreifen beginnt: Daß die Treue unteilbar ist, daß der Friede unteilbar ist, daß die Wahrheit unteilbar ist, daß der Glaube unteilbar ist, daß die Hingabe unteilbar ist, daß niemand Gott und dem Bösen zugleich dienen kann, daß das Leben des Menschen heilig, einmalig und unteilbar ist.

Christsein heißt: man muß ständig wissen, was in den vielen Entscheidungen für uns auch das eine Notwendige ist: die Nähe zu Christus, die Treue zur Kirche, die Gemeinschaft mit dem Papst, den Bischöfen und Priestern; die Treue in der Ehe und Familie, die Wahrheit gegen die Lüge, der Mut gegen die Feigheit, der Arme und Schwache gegen die Gewalttäter.

Es zählt mehr, von Gott zu wissen, als unter den Klugen zu sitzen; es zählt mehr, die Reinheit des Leibes zu leben, als den Tag zu genießen; es zählt mehr, in der Kirche zu leiden, als sie hochmütig zu verlassen; es zählt mehr, geliebt zu haben, als Recht gehabt zu haben; es zählt mehr, Kinder von Gott in Liebe angenommen zu haben, als die Welt bereist zu haben, unabhängig gewesen zu sein; es zählt mehr, gegeben zu haben, als gewonnen und geschafft zu haben; es zählt mehr, mit Christus zu versinken, als mit dem Teufel zu lügen und zu triumphieren; es zählt mehr, das ungeborene Kind geliebt und geschützt zu haben, als dem Spott ausgewichen zu sein.

Wir kennen dieses Mißverhältnis von Übung und Ernstfall: Das Schwimmen lernt man nicht durch Trockenübungen, sondern nur durch Schwimmen; ähnlich ist es mit dem „Leben": das Leben kann man nicht vorausüben, das Leben lernt man nur durch das Leben. So ist es auch mit Glauben und Lieben; man kann sie nicht vorausüben, denn Liebe ist nur, wenn man liebt, und Glaube ist nur, wenn man glaubt. Wir entdecken schließlich, daß die immer nähere Begegnung mit Gott immer weniger bloße „Übung", ja eigentlich keine Einübung, zuläßt. Wer lebt, wer glaubt, wer liebt, der steht vom ersten Augenblick an im Ernstfall des Lebens, des Glaubens, des Liebens, auch wenn dies einen langen und mühsamen Weg von Gelingen und Mißlingen für den Menschen bedeutet. Wo Gott an den Menschen herantritt, dort ist kein Platz für Strategie, für Vorläufigkeit, für Kosten-Nutzen-Erwägung, für Einübung, Simulation oder Probe.

Vielleicht möchtest du antworten: ich kann nicht immer an Gott denken, ich kann nicht immer beten; ich muß arbeiten, lernen, mich mit Sorgen beschäftigen, ich muß planen und rechnen, ich muß mich mit dem Alltag abgeben, für meine Familie dasein. Sei unbesorgt: Ob du lernst oder arbeitest, ob du über die Geheimnisse der Welt nachsinnst oder dich ins Gebet versenkst - immer geht es um dein Geheimnis mit Gott, immer ist es das Heute Gottes, in dem du auf die Stimme Gottes hören darfst. Immer geht es darum, daß wir Gott über alles lieben; Gott müssen wir immer heute, nicht morgen, lieben: diese Worte ruhen in unserem Herzen, damit wir sie den Kindern weitergeben, damit wir sie bedenken, daheim und auf dem Wege, im Schlafen und im Wachen (vgl. Dtn 6,4-7).

Das Gestern und Morgen darf nicht zur Flucht vor dem Heute werden, denn heute sollen wir die Stimme Gottes hören. Keine Arbeit und keine Aufgabe, kein Glück und kein Leid, kein Erfolg und kein Mißerfolg darf uns verführen, uns auf die Vergangenheit zu berufen oder auf die Zukunft zu vertagen, um dem Heute Gottes auszuweichen.

Wer Sünde noch bekennt und bereut, der gibt ein Zeugnis von der Freiheit des Menschen, die nicht alles „Krankheit“ zu nennen gestattet, was unsere persönliche Sünde ist; wer sich der Sünde bewußt ist und sie als Sünde eingesteht, der ist mit der Wirklichkeit Gottes verbunden. Denn für den Menschen ist Gott tot, der keine Sünde mehr kennt, und den Schuld nicht mehr belastet. Auch wenn es nur der erste Schritt zum Heil ist, ist die Sündenerkenntnis und das Schuldbewußtsein der Anfang der Bekehrung zu Gott. Auch wenn die Sünde das ist, was Gott verabscheut, ist das Schuldbewußtsein der anfängliche Glaubensakt des Menschen, dem Hoffnung und Liebe zu Gott folgen können.

Wahrheit und Barmherzigkeit müssen sich in Gott finden und eins sein. Denn wir müssen zum Kranken sagen: Du bedarfst der Hilfe des Arztes, denn du bist nicht gesund. Dem Irrenden dürfen wir nicht sagen, daß er die Wahrheit weiß und sagt; wir müssen dem Irrenden sagen, daß er sich besinnen und nach der Wahrheit ausrichten muß. Dem Sünder wiederum dürfen wir nicht versichern, daß er auf dem Weg des Guten ist; „bekehre dich und tue Gottes Willen", müssen wir dem Sünder zurufen. „Tröstet, tröstet mein Volk"(Jes 40,1), sagt Gott durch den Propheten. Trösten kann nicht der, der den Kranken gesund erklärt; trösten kann nicht der, der den Irrenden irren läßt; trösten kann nicht der, der die Sünde bestätigt und nicht zur Bekehrung ruft.

Auch du bist die Gabe Gottes: Gott wollte dich, Gott schuf dich, Gott gibt dir die gleichen Gaben, wie sie in Maria schon eins und vollkommen und ganz sind. Schau auf Maria, und du erkennst dein Lebensgeheimnis mit Gott.

Du hast die Gabe des Geistes: Du kannst die Wahrheit vernehmen und für die Wahrheit einstehen.

Du hast die Gabe der Freiheit: Du kannst alles zur Liebe und Hingabe werden lassen, was andere in Machtstreben, in Unglück und im Sterben wie einen Verlust ansehen, du kannst geben, ohne zu nehmen; in Liebe erfährst du: Geben ist seliger als nehmen.

Du hast die Gabe des Gewissens: Gott will, daß du das Gute tust und das Böse meidest; Gott will nicht, daß man es tut, du sollst es tun, das ist die Würde und Berufung deines Gewissens.

Du hast viele Gaben Gottes: deine Talente, deine Familie, dein Glaube, deine katholische Kirche, dein Besitz, deine Bildung, deine Sprache, deine Heimat, deine geliebten Menschen - begreife alles als die Gabe Gottes, und du wirst verwalten und Rechenschaft vor Gott ablegen können; wer die Gabe begreift, wird sich nicht zum Herrn aufspielen, sondern demütig und dankbar leben.

Es sind heute ganz allgemein die Frauen, in deren Herz viel Emanzipation, aber wenig Liebe durch den Zeitgeist getragen wird. Wie wir uns der Jugend mit aller Kraft zuwenden müssen, so muß auch das ganze Volk Gottes die wahren Ideale der Frau als die Gaben des Heiligen Geistes erbitten und das Geheimnis der Frau in ihnen ehren.

Es ist ein Geheimnis: Die Liebe verlangt das Ganze, die Treue verlangt das Ganze, die Wahrheit verlangt das Ganze, Gott verlangt das Ganze des Menschseins. Die Liebe und die Wahrheit verlangen das Ganze und lassen sich nicht „teilen"; je erfüllter jedoch das Ganze ist, desto mehr läßt sich das Ganze vielen „mitteilen". Jede liebende Mutter begreift das Ganze der Liebe: Auch wenn sie viele Kinder hat und liebt, jedes Kind liebt sie ganz, und sie hat dennoch die unermeßliche Weite des Herzens für viele Kinder. Dies ist auch das Geheimnis Mariens: Alles Ganze ist in ihr wunderbar und gnadenvoll erfüllt. Daher ist sie die wunderbare Mutter der Menschen, die Mutter Gottes und die Mutter der Kirche. Ganz ist Maria deine Mutter; auch wenn sie die begnadete Mutter für alle Menschen ist, sie wird dich nie vergessen.

Maria hilft; Maria steht fürsprechend bei Gott für dich ein. Laß dir nicht nur von Maria helfen; lerne auch das Geheimnis ihrer Liebe, das Geheimnis ihrer Hilfe. Tritt ein in dieses Geheimnis und antworte: „Totus tuus". Dann wende dich den Menschen zu, die auf dich warten, die dich bedrängen, die auf dich ihre Hoffnung setzen, die auf deine Treue bauen, und laß sie alle wissen: „Totus tuus".

Maria bedeutet: nichts mehr ist Verheißung, alles ist Wirklichkeit; nichts mehr ist Versuchung, alles ist gelernt und gelungen; nichts mehr ist Leiden, alles ist in Gott begriffen, nichts mehr ist Tod, alles ist Leben, ewiges Leben, Leben - alles in Fülle.

Geht es um Christus, so geht es um dich; es gilt aber auch: geht es um Maria, so geht es um dich.

Kein Auge ist hell genug, kein Ohr kann es hören, kein Herz kann es fassen, was Gott denen bereitet, die ihn lieben. Aber schon ist alles wirklich, was wir nicht sehen können, sondern glauben müssen; was wir nicht hören können, sondern mühsam halten müssen; was noch die Mühe unseres Herzens und noch nicht unser Friede ist: In Maria ist wirklich und erreicht, was Christsein und erlöstes Menschsein ist.

Jeder, der Gott liebt und sucht, hat das Ganze im Auge und das Unsagbare im Ohr und die Seligkeit im Herzen, wenn er den Weg zu Gott mit Maria und durch Maria wagt.

Wenn du auf Maria schaust und siehst: in ihr ist Vorsatz und Tat, Ideal und Leben, Glaube und Schauen, Ziel und Weg schon eins, dann weißt du, es kann gelingen, was meine Mühe ist. Meine Mühe wird gelingen! Es kann wirklich Tat sein, was in mir noch Vorsatz ist, es kann wirklich Leben sein, was ich heute noch als stilles Ideal in mir trage. Maria tröstet uns: Alles kann der Gnade Gottes mit dir gelingen. Und verschweigen dürfen wir nicht, daß auf uns auch dieses Größere wartet, was unsere Augen nicht einmal erträumen und unsere Ohren nicht einmal erlauschen mögen.

So heißt Maria für euch alle: Du kannst gelingen. Das ist die eine Wahrheit; denn was in uns noch auseinanderklafft - in Maria ist es längst geeint; und Maria sagt auch nicht nur: „Du wirst gelingen“, sondern auch: „Größeres, als du je ahnen und ersehnen kannst wird dir Gott schenken, wenn du ihn liebst.“

Maria ist die reine Gabe Gottes. Sie ist auch Gabe unserer Gemeinschaft in der Kirche, mit dem Papst und mit den Bischöfen und Priestern; sie ist die Braut des Heiligen Geistes, der die wirkende Wahrheit in der Kirche ist; sie ist das Vorbild in allen Tugenden, die unsere Familien und Ehen, unsere Kinder und Jugend brauchen; sie ist die reine Hingabe an Gott, aus der Berufungen zu Priester- und Ordensberufen machtvoll, zahlreich und zur Freude des Volkes Gottes sprossen werden. Sag Maria, denk Maria, liebe Maria, lebe Maria: von Gott wird dir gegeben, was kein Auge, Ohr, Herz ausmessen kann. - Bist du bei Maria, bist du in der Liebe Gottes.

Ehe und Familie

Am folgenschwersten ist der heutige Kulturkampf gegen Ehe, Familie und Kind. Es war Gott der Schöpfer, der den Menschen als Mann und Frau schuf und die Ehegemeinschaft von Mann und Frau zur Weitergabe des Lebens und zur Bewahrung und Mehrung der personalen Liebe einsetzte. Es ist die Ordnung des Schöpfers, gegen die heute ein kultureller Krieg geführt wird: Die eheliche Treue und das Kind gelten als Torheit; die Pervertierung der Sexualität will legitimiert und institutionalisiert werden; Abtreibung und Euthanasie haben im öffentlichen Gewissen kaum Bedeutung; die Versuchung, in das Lebensgefüge und in die Identität des Menschen manipulativ einzugreifen, nimmt ständig zu. Eine neue Ehrfurcht und Sensibilität für die Bewahrung der Schöpfung hat sich tragischerweise oft darin fixiert, daß man die Schöpfung wohl ehrt, aber kein persönliches Verhältnis zum Schöpfer selbst und seiner Ordnung entfaltet.

Die Zukunft des Menschen kann nur die Orientierung an einem persönlichen Gott gewährleisten, mit dem der Mensch sein Dasein austrägt.

Entgegen vielen heutigen Erklärungen über Ursprung, Wesen und Ziel der Familie sagt uns der Glaube, daß die Familie keine situationsbedingte, zeitbedingte und interessenabhängige Erfindung des Menschen ist. Die Familie ist vielmehr von Anfang an ein Plan Gottes, der schon am Anfang den Menschen auf die Familie ausrichtete: Als Abbild Gottes schuf Gott den Menschen; als Mann und Frau schuf er sie (vgl. Gen 1,27). Es gibt also von Anfang an nicht den abstrakten „Menschen", der weder Mann noch Frau wäre; von Anfang ist der Mensch Mann, von Anfang ist der Mensch Frau.

Ehe und Familie sind die Gaben des Schöpfers; sie sind Gottes Gaben auch für jene Menschen, die Christus noch nicht kennen. Daher ist die Familie nicht nur ein Anliegen für die Christen, sondern für die ganze Menschheitsfamilie; wer der Familie hilft, hilft jedem Menschen.

Gott selbst ist die Liebe; Gott selbst ist der Schöpfer des Menschen, der zum Mann-Sein und Frau-Sein beruft. Bei Gott ist Liebe nicht Wissen, sondern Wesen; bei Gott ist Gemeinschaft nicht Training oder Probe, sondern Ernstfall ohne Begrenzung oder Vorbehalt. An Gott, dessen Wesen die Liebe ist, muß der Mensch sich ausrichten.

Die wertvollste und notwendigste Antwort der Kirche ist die Auskunft darüber, wie Mann und Frau, wie Ehe und Familie vor Gott und vor dem Erlöser Jesus Christus bestehen können.

Es wäre kein Dienst an der Wahrheit über den Menschen, wollte die Kirche, die ja Gottes Ordnung den Menschen darzulegen hat, sich des klaren Wortes enthalten. Es ist richtig und wichtig, die persönliche Sphäre des Menschen, seine Ehe und Familie unbedingt zu schützen; die Privatsphäre ist jedoch kein Verzicht auf das Urteil des recht gebildeten Gewissens und keine Flucht vor Gottes Gesetz. Auch das privateste Tun des Menschen, selbst seine innersten Gedanken und Wünsche, muß sich vor Gottes Gesetz rechtfertigen. Privatsphäre und Intimität sind kein Freiraum für moralische Beliebigkeit.

Gott und die Privatsphäre 118

Die Ehe ist der heilige Bund zwischen Mann und Frau, den der Schöpfer selbst begründet hat; Gott selbst ist der Urheber der Ehe. Es sind die Eheleute, die in einem personal freien Akt sich gegenseitig schenken und annehmen, woraus eine nach göttlicher Ordnung feste Institution entsteht, und zwar auch gegenüber der Gesellschaft. Für den Fortbestand der Menschheit ist die Ehe von größter Bedeutung. Ehe und eheliche Liebe sind ihrem Wesen nach auf die Zeugung und Erziehung von Nachkommenschaft ausgerichtet. Der Ehebund zwischen Mann und Frau als gegenseitiges Sich-schenken zweier Personen wie auch das Wohl des Kindes verlangen die unbedingte Treue der Gatten und fordern ihre unauflösliche Einheit. Es ist der Erlöser Jesus Christus, der durch das Sakrament der Ehe den christlichen Gatten begegnet. Durch ein eigenes Sakrament werden die christlichen Gatten in den Pflichten und in der Würde ihres Standes gestärkt und gleichsam geweiht.

Ehe und Familie gehören nach Gottes Ordnung zusammen. Der Ursprung neuen Lebens ist der ehelichen Gemeinschaft anvertraut. Der gottgewollte Lebensraum der Sexualität ist die Ehe; nur in der personalen Ehegemeinschaft kann die Sexualität ihre göttliche Ordnung erfüllen. Außereheliche Sexualität verletzt die Ordnung Gottes und ist Sünde, die der Reue, des Willens zur Besserung und der Beichte bedarf. Vor allem die jungen Menschen müssen wissen, daß voreheliche Sexualität gegen die Ordnung Gottes verstößt; sehr ernst müssen wir das Wort Jesu nehmen: „Ich aber sage euch: Wer eine Frau auch nur lüstern ansieht, hat in Gedanken schon Ehebruch mit ihr begangen" (Mt 5,28). Sollen unsere jungen Menschen in ihrer Persönlichkeit zu treuen Ehegatten und zu vorbildlichen Eltern reifen, müssen sie die Gottesfurcht, die Freiheit zum wahren Guten und die selbstlose Liebe der Kinder Gottes lernen.

Eheliche Sexualität ohne Offenheit für das Kind als reine Ausbeutung der Lust wird nie vollmenschlich und ganzheitlich sein, weil der Schöpfer in der Gabe der Liebe die personale Liebe der Gatten und neues menschliches Leben verbunden hat. Nie darf in der Liebe von Mann und Frau die Ordnung der Natur verletzt werden, aber auch niemals darf in der schöpfungsgemäßen ehelichen Begegnung die personale Liebe fehlen.

Das Kind ist Abbild von Vater und Mutter. Noch mehr als das ist das Kind Gottes Bild und Gleichnis, denn als sein Abbild schuf Gott den Menschen schon am Anfang. Trotz aller Sünden und trotz aller Armseligkeit hat der Mensch die Würde des Abbildes Gottes nicht verloren; der Erlöser Jesus Christus stellt noch wunderbarer her, was durch die Sünde Adams und der Menschheit beschädigt, aber nicht zerstört wurde.

Die Eheleute selbst entscheiden über die Zahl der Kinder, doch sie tun dies im „Angesicht Gottes“: Die Eheleute können dabei nicht nach eigener Willkür vorgehen; sie haben ihrem Gewissen zu folgen, das sich am göttlichen Gesetz und an der authentischen Auslegung dieses göttlichen Gesetzes durch das Lehramt der Kirche ausrichtet.
Auch in schwierigen Situationen sind den Ehegatten keine unsittlichen Lösungen erlaubt. So stellt das II. Vatikanische Konzil ausdrücklich fest: Es ist „den Kindern der Kirche nicht erlaubt, in der Geburtenregelung Wege zu beschreiten, die das Lehramt in Auslegung des göttlichen Gesetzes verwirft“ (GS 51).

Wir müssen heute vielen danken: Vielen müssen wir ehrfürchtig danken und uns ihren Sorgen zuwenden, damit sie ihre oft schwierige Berufung zur Familie erfüllen können. Der Tod eines Ehegatten oder das Verlassenwerden in der Ehegemeinschaft machen unsere Frauen vor allem zu alleinerziehenden Müttern, die den Beistand der Kirche, des Staates und der helfenden Mitmenschen brauchen. Ehrend müssen wir jene Frauen nennen, die in schwieriger Situation und gegen vielfachen Druck der Umwelt ihr Kind annehmen, das Leben des ungeborenen Kindes schützen und die Sorge für das Kind zu ihrer dauernden Lebensentscheidung machen.

Die angebliche Fixierung der Kirche auf das einzige Problem der Sexualität kommt nicht von der Kirche; es ist die Beschränkung und Fixierung der Fragenden, die keine anderen Fragen als die der Sexualität zu stellen wissen. So sieht alles Tun und Entscheiden der Kirche als eine ausschließliche Auseinandersetzung mit einer chaotisch sexuellen Welt aus, weil in der Öffentlichkeit nur mehr gemeldet wird, worauf sich das Interesse vieler Menschen verengt hat. Schließlich wird ständig behauptet, daß sich nur mehr eine verschwindende Minderheit um die Gebote Gottes und um die Lehre der Kirche kümmert; warum aber dann die Dauerschelte für eine Kirche, deren Botschaft man ohnedies für belanglos hält?

Im Moralgefühl des heutigen Menschen gilt in der Sexualität angeblich alles als erlaubt, was Lust und Spaß bringt. Aber auch innerhalb der Kirche gibt es Interpreten der Sittlichkeit, die meinen, daß alles Sexuelle erlaubt sei, wenn es nur „aus Liebe“ geschieht: Ehebruch „aus Liebe“, voreheliche Sexualität oder Sodomie „aus Liebe“ wären nach diesem Formalismus des „aus Liebe“ nicht mehr zu beanstanden. Schrankenlosigkeit „aus Liebe“ ist natürlich eine sehr einfache Regel. Wen darf es wundern, daß heute jeder öffentlich sich in seiner Sexualität prostituiert und man einander mitteilt, ob man hetero-, homo- oder bisexuell sei? Diese Mitteilung scheint so wertfrei zu sein wie die Angabe, ob man Links- oder Rechtshänder ist. Wer dennoch noch Skrupel hat, wird sicher einen „Experten“ finden, der ihm aus der Bibel oder aus der „Moral von unten“ das Gewünschte bestätigt.

Die Sexualität hat zutiefst etwas mit der Anerkennung Gottes durch den Menschen zu tun: „Und da sie sich weigerten, Gott anzuerkennen, lieferte sie Gott einem verworfenen Denken aus, so daß sie nicht tun, was sich gehört“ (Röm 1,28). Wo heute an der Stelle Gottes das Prinzip der blinden Lust thront, vergißt der Mensch, daß er Gottes Abbild ist. Wohl beginnt heute eine gewisse Besinnung auf die „Schöpfung“, was jedoch noch lange nicht der Durchblick auf den „Schöpfer der Schöpfung“ ist. Denn in Gottvergessenheit kann der Mensch sich gleichgültig als homo-, bi- oder heterosexuell deklarieren und dabei so tun, als hätte diese Frage nicht mehr Bedeutung als die Marke des benutzten Autos.

Der innerkirchliche Disput um Lehr- und Ordnungsfragen vollzieht sich heute kaum nach den Regeln der üblichen systematischen Logik; dennoch ist es auffällig, daß eine Option gegen Humanae vitae häufig auch eine Option gegen andere „katholische" Positionen wie z.B. Unauflöslichkeit der Ehe, Zölibat, Lehramt und Primat des Papstes, sakramentales Weiheamt, Ehrfurcht und Gehorsam, Sexualmoral der Kirche, übernatürliche Wirklichkeit der Kirche und der Offenbarung, Wahrheitsanspruch des katholischen Glaubens und Heilsnotwendigkeit der Kirche u.a. bedeuten. Der opponierende Dissens in der Kirche hat zwar nicht die logische Kraft einer Systematik, jedoch die Bündnisfähigkeit in allerlei Optionen der nichtkirchlichen Art.

Wenngleich Humanae vitae zum Anlaß für Dissens und Kontestation in der Kirche wurde, war diese Enzyklika eine notwendige Entscheidung für die Anerkennung des Schöpfers, für die Würde des Menschen und für die Wahrheit der Glaubenslehre. Wer Humanae vitae vertritt, wird ohne weiteres Störer oder Spalter der kirchlichen Einheit nunmehr von jenen genannt werden, die sich zu einem Dissens-Kartell zusammengeschlossen haben und den Begriff der „communio“ für sich beanspruchen.

Hoffte man einst, durch eigenmächtige Empfängnisverhütung die Abtreibungsfälle zu vermindern, zeigt sich heute längst schon die trügerische Illusion solcher Hoffnung. Die Sexualität, die nach der Ordnung des Schöpfers eine Gabe an die unwiderruflich verbundenen Ehegatten ist, wurde den Kindern und Jugendlichen als soziale und kulturelle Gefälligkeit angeboten, die längst ihren eigenen Weg der Verwüstung der Seelen geht und durch kontrazeptive Gratisgaben nicht zu steuern ist. Aus der Verachtung des Schöpfers ist eingetreten, was der Römerbrief als die Vertauschung der Wahrheit Gottes mit der Lüge beschreibt: „Ihre Frauen haben den natürlichen Geschlechtsverkehr mit dem widernatürlichen vertauscht; auch die Männer haben den natürlichen Verkehr mit der Frau aufgegeben und sind in ihrer wilden Gier zueinander entbrannt ... Sie kennen zwar die göttliche Rechtsordnung genau, tun es aber trotzdem nicht nur selbst, sondern spenden auch noch denen Beifall, die solche Dinge verüben (vgl. Röm 1,24-32).

Mütter und Väter, liebt eure Kinder, schützt sie und bildet den Geist und das Herz eurer Kinder in Gottesfurcht! Ohne Kinder haben wir keine Zukunft, auch wenn wir täglich wohlhabender werden. In unserem Volk fehlen immer mehr die Kinder. Die Wiegen bleiben leer, weil die Berufung zur Elternschaft von unfruchtbarem Lustgewinn unterdrückt wird. Zuweilen ist es die Notsituation der Frau, die eine glückliche und sorgenfreie Mutterschaft erschwert. Manchmal verliert das Kind das Recht auf Leben, weil es ungeboren getötet wird.

Immer mehr vergreift sich eine gewissenlose Generation heute auch an der Schönheit, Würde und Unschuld des Kindes. Wie erregt gab sich in letzter Zeit die Öffentlichkeit zu Schändung und Mißbrauch der Kinder. Zugleich aber werden Gesetze eingebracht, die mit der Senkung des gesetzlichen Schutzalters den Mißbrauch von Kindern legalisieren sollen. Gilt jeden Tag in unseren Ländern etwas anderes als erlaubt und unerlaubt? Wenn wir Unzucht an Kindern dann verharmlosen, wenn das Alter stimmt, dann sind wir ein Volk von Feigen, Treulosen, Unzüchtigen und Lügnern (vgl. Offb 21,8), die den zweiten Tod erleiden werden und aus der heiligen Stadt Gottes am Ende ausgeschlossen sind (vgl. Offb 22,15).

Nach einer Generation im Widerstand gegen Humanae vitae dürfte es also nur noch stabile und glückliche Ehen geben, nur mehr harmonische Persönlichkeiten, nur mehr geliebte und sich prächtig entfaltende Wunschkinder, nur mehr eine Sexualität ohne die Einmischung Gottes. Was sind die Früchte des Widerstandes und der Verneinung von Humanae vitae? Am Zustand der Ehen und Familien, der Kinder und der Jugend, am Standard der Würde und Rechte des Menschen lassen sich heute keine guten Früchte des Ungehorsams gegen Humanae vitae vorzeigen, wenn der Dissens zu Humanae vitae ein Versuch der Befreiung von der „Gewissensklaverei" durch das kirchliche Lehramt sein wollte. Wie pessimistisch wird heute die Welt des Menschen in Ehe, Familie, Erziehung und allgemeiner Humanität von denen beschrieben, die den Ungehorsam wählten, um frei und fortschrittlich zu sein. War der Ungehorsam vielleicht nichts anderes als die Vorbereitung jenes breiten Weges, der in den Abgrund führt?

Kann Liebe ohne Gehorsam wirklich Liebe sein? Ich möchte antworten, daß Liebe mit der Wunde des Ungehorsams Widerspruch und nicht mehr Liebe ist.
Wen Gott zur Liebe beruft, der muß Tag für Tag in die Schule des Gehorsams gehen. Überall lauert der Liebe etwas auf: Es lauert der Liebe auf die Härte der Selbstherrlichkeit. Es lauert der Liebe auf unser Hang zum Rechthaben. Es lauert der Liebe auf der Neid unserer Herzen, der Kleinmut, daß wir zu schnell verzagt sind. Es lauert der Liebe auf die Ungeduld und vor allem auch das Begehren des Vorteils und das Begehren des Eigenen.

„Liebesbund der Ehe“ bedeutet viel mehr als „Partnerschaft“; die Familie ist nämlich kein Wirtschaftsbetrieb und auch viel mehr als eine Interessensgemeinschaft auf Gegenseitigkeit. Denn es ist die Lebensart des Christen, einander im Guten und in der Liebe zuvorzukommen. Solange das Wort „Partnerschaft“ in seiner Bedeutung sich nicht von der Botschaft Christi her versteht, sollte es von Christen zur Beschreibung des Ehebundes eher nicht verwendet werden. Eine Ehe und eine Familie können auf Dauer kaum Bestand haben, wenn sie sich nur nach gegenseitigem Interesse rechnen. Gott selbst hat der verrechnenden Mentalität des Menschen ein ganz neues Gesetz des Handelns kundgetan: „Nicht darin besteht die Liebe, daß wir Gott geliebt haben, sondern daß er uns geliebt und seinen Sohn zur Sühne für unsere Sünden gesandt hat ... wenn Gott uns so geliebt hat, müssen auch wir einander lieben.“ (1 Joh 4,10 f) Nicht das Verrechnen ist das Geheimnis der Liebe, sondern das Zuvorkommen im Guten.

In der Entscheidung legt sich der Mensch gleichzeitig auch Grenzen auf, die er vorher nicht kennen wollte. Der berufene Mensch entscheidet sich, er begrenzt sich, und er gewinnt in der Begrenzung, in der Beschränkung sein Glück.

Auch was in uns Liebe sein will, muß Grenzen, Begrenzungen, Festlegungen annehmen, damit es Liebe sein kann. Grenzenlos möchte der Mensch sein, aber in Begrenzungen muß er seine Liebe gestalten.

Daher ist Berufung Treue in den von Gott zugewiesenen Beschränkungen. Berufung ist Liebe in Gehorsam.

Leben und Liebe haben in ihrem inneren Ernst vieles gemeinsam, denn man lebt nicht auf Probe, man stirbt nicht auf Probe, man liebt nicht auf Probe. Auch wenn sich die Menschen in einer ersten Erfahrung als füreinander bestimmt halten, wird auf Dauer die Versuchung zur Flucht aus der Verantwortung immer stärker, weil ohne Ehegemeinschaft nur eine unwahre „Liebe auf Probe“ versucht wird. Denn die wahre Liebe, die im Treueversprechen vor Gottes Angesicht und im Sakrament Christi sich erfüllt, ist unwiderrufbare Hingabe von Mann und Frau füreinander und für die von Gott geschenkten Kinder. Es wird nicht zuletzt die Aufgabe lebendiger Pfarrgemeinden, gewissenhafter Eltern und bemühter Seelsorger sein, besonders den jungen Menschen die wesentliche Endgültigkeit der ehelichen Liebe aufzuzeigen und sie zu einer Ehe nach Gottes Willen zu ermutigen.

Wahre Liebe ist unwiderruflich

Es gibt heute in der Kirche den innerlich gespaltenen Menschen, der einerseits überaus aktiv und engagiert mitarbeitet, in seiner persönlichen Lebensführung jedoch im Ringen um die „castitas/Keuschheit“ resigniert hat. So werden oft endlose Diskussionen und Debatten auf Ebenen geführt, die gar nicht das wahre Problem zeigen, sondern eher lautstark verdecken, daß es bei den Streitenden in Wirklichkeit an der Keuschheit des Leibes, der Wünsche und Gedanken fehlt. Manchmal verschließen sich solche - durchaus ideal gesinnte - Menschen viele Jahre hindurch der sakramentalen Beichte gänzlich oder klammern in der Beichte diesen Bereich eigenmächtig aus, um dafür umso mehr über ihre sozialen Beziehungen zu den Mitmenschen zu reflektieren: Eine rein sozial angelegte Beichte ersetzt nicht das Bekenntnis persönlicher Sünden z.B. gegen die Keuschheit.

Die Mühsamkeit einer würdigen Beichte hat sicher auch noch andere Gründe. Dennoch ist gerade das Bewußtsein von Sünde und Schuld, das aus der Verletzung der Keuschheit stammt, ein ständiger Herd innerer Unruhe und äußerer Verschleierung. An der Frage seiner Lebensordnung in Keuschheit kommt kein Mensch vorbei; sie stellt sich nicht als kirchenpolitische, sondern als ganz persönliche Gottesfrage, der keiner ausweichen kann. Keuschheit ist eine Weise der Heiligkeit des Menschen, die von allen zu leben ist: von den Verheirateten und von den Ehelosen, von jungen Menschen und von Erwachsenen, von den Versuchten und von den Gereiften. Keuschheit ist eine gelungene Entscheidung für Gott. Ist der Mensch von Sünde und Schuld beladen, weiß er aber auch, daß in seinem Ringen Gott selbst um ihn ringt; Gottes Barmherzigkeit wird immer größer als die Schuld jenes Menschen sein, der wie der verlorene Sohn zum barmherzigen Vater umkehrt und heimkehrt.

Heiligung in Keuschheit braucht die Urteile und Entscheidungen des Gewissens; das Gute ist zu tun, das Böse ist zu meiden; manchmal ist die Versuchung zur Sünde groß, manchmal ist ein rechtes Gewissensurteil kompliziert und schwierig. Das Urteilen und Entscheiden des Gewissens bewegt sich zwischen vielem: Tun und Nicht-Tun, tugendhaftes Meiden und schuldhaftes Unterlassen, Vorrang und Nachrang, Mittel und Ziel, frei und gezwungen, klar und verwirrt, selbstbestimmt oder entfremdet u.a. sind Beispiele realer Positionen des menschlichen Gewissens.

Es wird die große Aufgabe der Priester und Beichtväter sein, an die Heiligkeit Gottes mit Gewissenhaftigkeit, Mitgefühl und diskreter Würdigkeit zu erinnern: Keuschheit ist Liebe; Keuschheit gehört zum Weg der irdischen Heiligung des Menschen. Wenn Leib und Seele, Liebe und Glück zum irdischen Menschen gehören, muß dem Menschen darin die Entscheidung für Gott gelingen.

Wer meint, die Kirche wolle mit ihrer Morallehre die Menschen in ihrer Freiheit nur reglementieren, der verkennt, daß es um die Verteidigung des menschlichen Daseins und die wahre Humanität geht. Wo aber Freiheit und Gewissen mit der Wahrheit über den Menschen unlösbar verbunden sind, dort erfüllt sich der Psalm 85: „Ich will hören, was Gott redet: Frieden verkündet der Herr seinem Volk ... sein Heil ist denen nahe, die ihn fürchten ... Es begegnen einander Huld und Treue, Gerechtigkeit und Frieden küssen sich. Treue sproßt aus der Erde hervor. Gerechtigkeit blickt vom Himmel nieder."
Jeder von uns geht auf einen letzten Tag zu: Am Ende des irdischen Lebens stehen wir im Gericht Gottes. Auf diesen Tag hin leben wir in aller Mühe und mit Hoffnung, damit Christus, der wahre Mensch und Gott, in uns lebt und wir ewiges Leben in Fülle haben.

Der geweihte Priester

Täglich denke ich im Eucharistischen Opfer an unsere Priester, damit sie in Heiligkeit und mit Gottes Gnade ihren Dienst „in persona Christi“ tun. Unsere Priester scheuen keine Mühen; trotz Alter, Krankheit oder Überbeanspruchung sind sie für die Menschen da. Einsamkeit, Aussichtslosigkeit und Undank sind oft jene Prüfungen, die ihnen wie ein schweres Kreuz auferlegt sind. Treue und heilige Geduld werden jene Kräfte sein, in denen auch die Kirche unserer Zeit sich erneuert. Wie sollen wir dem Herrn vergelten, was er täglich durch seine Priester dem Volk Gottes schenkt? Dankbar bekennen wir mit dem Volk Gottes, daß es eine Kirche ohne Priester nicht geben kann, daß der Dienst des geweihten Priesters unverzichtbar ist. Daher ist in der Kirche alles zurückzuweisen, was den Priester und seine Notwendigkeit in Frage stellt.

Der Dienst des geweihten Priesters ist für die Pfarrgemeinde und für die Diözese unverzichtbar; es gibt keinen Ersatz für den geweihten Priester, denn es ist unter anderem ausschließlich der Dienst des Priesters, das Eucharistische Opfer zu feiern, die Sakramente der Buße und der Krankensalbung zu spenden, verantwortlich eine Pfarre als Seelsorger zu leiten und zusammen mit dem Bischof Anteil zu haben am Amt Christi, des Hauptes und Hirten der Kirche (vgl. II. Vat. Konzil, Dekret über Dienst und Leben der Priester, Art. 6).

Niemand hat vor Gott Nachteile, wenn er nicht Priester ist. Es ist ein Dienst und keine Heilsbedingung, was mit der Priesterweihe verbunden ist. Es ist Sache der Kirche, den priesterlichen Dienst zu ordnen, die Bedingungen hierfür festzulegen und geeignete Männer dafür zu berufen und zu weihen.

Viel zu oft wird der Priester daran gemessen, wie beliebt und akzeptiert er ist, welches Image er sich erwirbt, wie sehr er sich dem Zeitgeist anpaßt. Das Volk Gottes sollte tiefe Ehrfurcht vor Priestern haben, die um Christi willen den Widerspruch zur Welt wagen. Was sollen junge Männer vom Priesterberuf denken, wenn sie feststellen, daß innerhalb der Kirche manchmal der Papst, manchmal der Bischof, manchmal ein Priester von selbstgerechten Christen verlacht, verhöhnt, verleumdet und verurteilt werden? Es bringt keinen Segen, schon die Schüler gegen Papst und Bischof aufzuwiegeln; wo bleibt der Geist Gottes bei jenen, die unablässig Kritik üben, wo bleibt die vielbeschworene Liebe zur Kirche bei denen, die den Mißerfolg der Unliebsamen mehr wünschen als den gemeinsamen Erfolg in der Kirche?

Gegen den Dienst der Geweihten gibt es manchmal diesen Einwand: Warum sollte der Dienst des Geweihten für die Kirche lebensnotwendig und unverzichtbar sein? Es gibt doch auch solche, die gut Theologie studiert haben und daher genau so gut und korrekt die Homilie halten und die Eucharistie feiern könnten? Es gäbe genug Laien, denen man eine Pfarre und die Aufgaben der Seelsorge anvertrauen könnte. Was antwortet die Kirche? Rein äußerlich mag das Tun der Geweihten und der Nicht-Geweihten gleich aussehen, doch ist es dasselbe? Die Lehre der Kirche verneint dies entschieden.

Wenngleich man sagen kann, daß das II. Vatikanische Konzil dem Laien den gebührenden Platz und authentische Aufgaben zugewiesen hat, unterscheidet dasselbe Konzil sehr bewußt und unverwechselbar den Dienst des Geweihten von jenem des Nicht-Geweihten. Christus selbst hat den Unterschied zwischen den Geweihten und dem übrigen Gottesvolk gesetzt (vgl. LG 32). Was Christus selbst mit der Kirche verbunden hat, das bleibt für alle Zeiten und in der ganzen Welt mit dem Wesen der Kirche verbunden. Wer also den Dienst der Geweihten ablehnt oder durch Nicht-Geweihte zu ersetzen sucht, steht im Widerspruch zum Willen Christi.

Die Sorge um Priesterberufe ist dem Bischof und den Priestern im besonderen auferlegt. Aber auch der Beitrag der gläubigen Familien, der lebendigen Pfarrgemeinde, des guten Religionsunterrichtes und einer Erziehung der jungen Christen zu Gottesliebe, Glaube, Reinheit von Seele und Leib, Solidarität und humanem Anstand soll jenes Umfeld schaffen, in dem Gott zum geweihten Dienst und zur Nachfolge Christi berufen kann. Bei aller Vorbereitung, die wir bejahen, sind es dennoch nicht das Wissen und die erworbenen Fähigkeiten, die das Amt des geweihten Dienens ausmachen; es ist die Weihe, die das Amt ausmacht, aus dem sich die Aufgaben ergeben. Auch wenn alles wie Mühe aussieht, ist es dennoch Gnade, Gnade über Gnade.

Es ist das „Geweihtsein", das all unserem Tun vorausgeht, das unser Tun zu einem heiligen und gottgefälligen Dienst anhält, das unser Tun nicht in den engen Grenzen von Kleinmütigkeit und Resignation behindert. Es ist unser „Geweihtsein", das Berufung aus Gnade ist und im Sakrament der Weihe ruht; je mehr wir die Gnade des „Geweihtseins" begreifen, desto freier und reiner wird unser Dienst sein.

Nicht pastoraler Erfolg oder Mißerfolg sollen uns letztlich messen; was heute Erfolg ist, wird morgen abgelehnt; was heute Mißerfolg ist, kann morgen hundertfältige Frucht bringen. Nicht Erfolg oder Mißerfolg richten uns; es geht vielmehr darum, als Priester in unserem Sein und Tun mit Gottes heiligem Willen übereinzustimmen. Solange wir unser Maß nicht in Gottes Willen gefunden haben, bleiben wir abhängig von der Gunst der Menschen und vom Glanz eines oft scheinbaren Erfolgs.

Wie wir kein Recht auf Weihe haben, so gibt es für den Geweihten kein Recht, diese oder jene Aufgabe und Arbeit zu beanspruchen. Es gehört sicher zur kirchlichen „Vernünftigkeit“, die Priester gemäß Eignung, Ausbildung und Freiwilligkeit einzusetzen; dennoch wird keiner auf eine bestimmte Aufgabe hin geweiht. Ganz entscheidend ist es für den Weihedienst, diesen in Ehrfurcht und Gehorsam gegenüber dem Diözesanbischof bzw. auch gegenüber einem Ordensoberen anzunehmen und getreu auszuführen. Zum Gehorsam gehört die Ehrfurcht gegenüber dem, unter dessen Leitung die rechtmäßige Eucharistiefeier steht. Der Bischof teilt durch den Dienst des Wortes die Kraft Gottes den Glaubenden zum Heil mit; und durch die Sakramente, deren geregelte und fruchtbare Verwaltung er in seiner Autorität ordnet, heiligt er die Gläubigen. Schließlich muß er die Anbefohlenen mit dem Beispiel seines Lebenswandels voranbringen, ihr Verhalten vor allem Bösen bewahren und nach Kräften mit der Hilfe des Herrn zum Guten hin wandeln, damit er zusammen mit der ihm anvertrauten Herde zum ewigen Leben gelangt (vgl. LG 26).

Auf die Frage nach der Priesterweihe für Frauen gibt es im letzten nur eine Antwort und die lautet: Wir haben dafür nicht die Ermächtigung durch Christus. Das ist das eigentliche Argument in der Kirche.
Das heißt aber auch auf der anderen Seite, daß wir alle Gaben und alle Charismen, die Frauen haben, in der Kirche wahrscheinlich noch viel besser einsetzen müssen. Und es ist ja auch wirklich nicht das Heilmittel. Ich werde nicht gerettet von Gott, weil ich ein Priester bin, sondern ich werde gerettet, wenn ich mich bekehre, wenn ich Gutes tue, wenn ich gut zu Ihnen bin, dann werde ich gerettet. Es gibt in der Kirche verschiedene Gaben und Ämter. Und wer den Korintherbrief ein bißchen liest, der weiß auch, daß die größte Gabe nicht das Amt ist, sondern die Liebe. Gut. So dürfen uns die Frauen durch diesen Verzicht auf das Amt, das sie auch vielleicht aus Eigenem tun, ein bißchen belehren im Sinne des Ersten Korintherbriefes (vgl. Kap. 13): Das größte ist die Liebe.

Wenn wir für die Kirche zur Ehre Gottes und zum Heil der Seelen unseren Dienst als Geweihte tun, dann müssen auch wir heilig sein, um dieses Dienstes würdig zu sein. Wer im Konflikt mit dem Willen Gottes steht und gegen die Heiligkeit Gottes in Sünde lebt, der muß sich zu Gott bekehren, damit er jener getreue und wachsame Knecht sein kann, den der Herr für den Dienst am Volk Gottes braucht. Der beste pastorale Stratege und der beste Experte bleibt ein unnützer Knecht, wenn er nicht in tiefer und persönlicher Freundschaft mit Christus steht.

Der Priester muß vertraut sein mit den Gedanken und Zielen der Botschaft Jesu und in jedem Augenblick mit seinem Dasein und Tun dafür einstehen. Jeder Priester möge sich an das beglückende Wort Jesu an seine Jünger erinnern: „Ich habe euch Freunde genannt, denn ich habe euch alles mitgeteilt, was ich von meinem Vater gehört habe." (Joh 15,15) Die Freundschaft Jesu mit uns ist nicht ein bloßes Gefühl des Augenblicks: Die Freundschaft Jesu mit uns ist ein Bündnis in jener Wahrheit, die uns Kunde vom Vater gibt. Wenn wir als Freunde Jesu im Bündnis der Wahrheit stehen, dann gelingt es uns, gute Hirten wie Jesus zu sein; dem guten Hirten folgen die Schafe, denn sie kennen seine Stimme, einem Fremden werden die Schafe nicht folgen, und sie fliehen, weil sie die Stimme des Fremden nicht kennen.

Wir müssen die Freunde Jesu sein, damit die uns anvertrauten Menschen in uns die Stimme des göttlichen guten Hirten erkennen; wir müssen aber auch Freunde miteinander sein, denn „daran werden alle erkennen, daß ihr meine Jünger seid, wenn ihr einander liebt." (Joh 13,35)

Im Priester die Stimme des guten Hirten erkennen

Der Priester Jesu Christi gehört nicht zu einer Kaste von Weisen oder von Verdienstvollen; was ihm Auftrag und Vollmacht gibt, ist die besondere Teilhabe am Priestertum Christi. Was Christus durch den Priester in den Sakramenten an Gnadenvollem wirkt, hängt nicht von der menschlichen Persönlichkeit des Priesters ab. In einer Zeit, in der ein Priester gegen den anderen oft ausgespielt wird, müssen wir sehr bewußt festhalten, daß Christus es ist, der auch im armseligsten Priester das göttliche Heil wirkt.

Auch im armseligsten Priester wirkt Christus

Da der heilige Dienst des Priesters ein Dienst in der Person Christi und Anteil am Amt Christi ist, war es für die Kirche immer eine heilige Pflicht, die Priester so auszubilden und ihr Leben so zu ordnen, daß ihr Entscheiden, Tun, Lehren und Leben in größter Gleichförmigkeit mit Christus steht.
Der Zölibat des Priesters ist jene Nähe zu Christus, in der der Priester in der Gesinnung Christi steht und für das Heil der Menschen in besonderer Weise frei und verfügbar ist.
Wer mit der Kirche sorgt und denkt, wird es daher nicht gutheißen können, wenn es nun wiederum Wortmeldungen gegen den Zölibat gibt, die nur Wiederholungen längst bekannter Meinungen oder verhärteter Vorurteile sind. Es sollte zur ökumenischen Noblesse gehören, sich nicht in inneren Fragen anderer ungebeten öffentlich zu äußern. Es ist auch ein falsches Spiel der Worte, wenn der Zölibat mit „Unfreiheit" verbunden wird. Niemand muß Priester werden; genauestens prüft die Kirche, ob ein Kandidat bewußt und frei den Zölibat übernimmt. Als eine Weise unwiderruflicher Liebe zu Gott und der Nachfolge Christi lebt der Priester die „Ehelosigkeit um des Himmelreiches willen" sodann ein ganzes Leben.

Sooft wir das Eucharistische Opfer Christi feiern, laßt uns auch unsere Berufung im priesterlichen Dienst feiern. In Christi Person handelt der Priester in seinem geweihten Dienst; laßt uns allezeit mit Christus vereint sein in der Treue zu seiner Wahrheit, in der Hingabe an das Werk der Erlösung, in der Liebe zu seiner Kirche, in der Sorge für das Heil der Menschen, in der Gewissenhaftigkeit unserer Sendung und in der ständigen Heiligung unseres Lebens und Tuns.
Die Heiligkeit ist Vertrautheit mit Gott, die ihre Sprache im Gebet findet ... Die Heiligkeit ist Nachahmung des armen, keuschen und demütigen Christus; sie ist vorbehaltlose Liebe zu den Seelen und Hingabe an ihr wahres Wohl; sie ist Liebe zur Kirche, die heilig ist und uns heiligen will. Jeder von uns muß heilig sein, um auch den Brüdern und Schwestern zu helfen, ihrer Berufung zur Heiligkeit zu folgen (vgl. Pastores dabo vobis, Nr. 33).

Es ist ein Zeichen der Besinnung auf das Wesentliche, wenn Priester und Eucharistisches Opfer in engster Verbindung gesehen werden. Ausdrücklich erklärt der Heilige Vater im Dokument zur Priesterbildung: „Es ist daher notwendig, daß die Seminaristen jeden Tag an der Eucharistiefeier teilnehmen, damit sie später in ihrem Priesterleben diese tägliche Feier zur Regel machen ..." (Pastores dabo vobis, Nr. 48).

Ich gebe diesen dringenden Ruf an die schon geweihten Mitbrüder in dem Sinn weiter, daß es für jeden Priester heilige Selbstverständlichkeit sein soll, auch jeden Werktag die heiligste Eucharistie zu feiern.

In einer ruhelosen Zeit möchte ich alle Priester bitten: Laßt euch von den Menschen finden; verhärten wir unsere Herzen nicht in Terminkalendern oder im Fernsehkonsum. Habt Erbarmen mit allen Menschen, indem ihr heilig, untadelig und keusch lebt, um den Menschen die Probe davon zu geben, daß Heiligung und Heiligkeit das wahre und erfüllte Menschsein und Leben in Fülle sind. In den Mühen eurer persönlichen Heiligung mögen die Suchenden und Versuchten erkennen, daß wir alles vermögen durch den, der uns stark macht. Verbergen wir nicht unseren Auftrag; wie soll das Volk Gottes die Absichten Gottes erkennen, wenn der Priester sein priesterliches Gewand weglegt und die Anonymität sucht, die jedoch den Jünger Jesu am Zeugnis für Gott hindert? Nichts, was des Menschen ist, soll euch fremd sein; doch denkt daran, daß ihr die Freunde Jesu seid, der uns Menschen in allem gleich geworden ist, ausgenommen die Sünde.

Laßt euch von den Menschen finden! 160

Schweigt nicht gegen den Zeitgeist; begründet in Gott, im Evangelium und in der Lehre der Kirche, was ihr den Menschen sagt, denn Gott will, daß alle Menschen gerettet werden und zur Erkenntnis der Wahrheit gelangen (vgl. 1 Tim 2,4). Oft braucht manches in unserer Verkündigung den Mut, freimütig vor den Menschen aufzutreten; wer einmal sich für das freie und klare Wort entschieden hat, der wird sich ein weiteres Mal schon viel leichter tun. Unser Problem ist nicht selten, daß wir das mutige Zeugnis immer wieder auf ein nächstes Mal verschieben und damit immer mehr in das Schweigen und in die Anpassung abstürzen.
In Zeiten mutiger Seelsorger werden junge Menschen nachkommen, um Priester zu werden. Wenn wir uns allerdings der Auseinandersetzung mit dem Zeitgeist entziehen und wir uns der notwendigen Urteile über Gut und Böse, über Wahr und Unwahr enthalten, wird Böses das Böse vermehren und ein Chaos von Meinungen die Wahrheit verdunkeln.

Verlangen wir nicht Liebe und Gefolgschaft von den Gläubigen, solange wir nicht selbst zum Gehorsam bereit sind; hier auf Erden gibt es kein Ereignis einer Liebe, die nicht auch Gehorsam wäre. Und das, was Christus uns an Heil und Liebe schenkte, es war nichts anderes als der Gehorsam des Sohnes gegenüber dem Willen des Vaters: „Meine Speise ist es, den Willen dessen zu tun, der mich gesandt hat, um sein Werk zu vollenden." (Joh 4,34)

Wir aber können den Menschen nicht die Erlösung vom Kreuz versprechen; wir verkünden vielmehr die Erlösung durch das Kreuz Christi.

Manchmal klären Konflikte wesentliche Fragen und können mit Gottes Hilfe zur Gnade für alle Beteiligten werden. Was sich nicht auf Fakten stützen kann, stürzt in sich zusammen, auch wenn die anspruchvollsten Pauschalurteile vorgetragen werden.

Für eine behutsam fortschreitende Versöhnung wird es einen probaten Weg geben: Versöhnung durch Mitarbeit. Es ist besser, einen Tag miteinander zu arbeiten als auf hundert Tage verbittert zurückzuschauen. Ohne Ausnahme sind wir alle der Liebe verpflichtet, nicht aber unseren bisher gespielten Rollen. Der Geist Gottes möge allen so viel Liebe zur Kirche geben, daß sie das ängstlich gehütete Prestige falscher Rollen loslassen, um fortan Brüder und Schwestern unter Brüdern und Schwestern zu sein.

Aller unserer Priester, ihrer Mühen und Enttäuschungen, ihrer Versuchungen und Leiden, ihrer Mühseligkeiten und Sünden müssen wir uns annehmen. Kein Priester sollte einsam sein und dadurch verwahrlosen. Keiner darf sich aus der Gemeinschaft des Presbyteriums ausgegrenzt oder gar ausgeschlossen erfahren. Wer von einem „Parallelklerus“ in unserer Diözese spricht und daher andere verachtet oder kritisiert, ist der eigentliche Spalter, weil er sich selbst und seine Optionen zum Maß der Dinge erhebt. Es gibt Menschen, die sich selbst alles erlauben, aber unduldsam gegenüber solchen sind, die ihre Option nicht teilen. Wie soll uns die Liebe Christi einen, wenn nicht unser Glaube uns eint, aber Sprache, Herkunft, Vernetzung der Interessen, Hochmut und Ungehorsam uns gegeneinander ausspielen?

Jede Not des Priesters, ob Sünde und Versagen, ob Mißerfolg und Entmutigung, ob falsche Tröstungen durch Alkohol, ob Verhärtung der Seele, ob Aktivismus oder Leerlauf, ob Aufruhr und Ungehorsam, ob Trostlosigkeit oder seelische Verletzung - all das steht im Zusammenhang mit der Vereinsamung des Priesters, sei es als Ursache oder als Folge. Viele gehen einsam ihren Weg und vernehmen nicht mehr die Stimme Gottes, die sie trösten möchte. Aus dem Gebet wird bloße Gewohnheit und unandächtiger Gedankenflug. Es bieten sich die Auswege des maßlosen Fernsehens oder des ziellosen Herumfahrens an. Man fährt am Haus des Mitbruders vorbei, aber man besucht ihn nicht. Man meidet die Zusammenkünfte der Priester und entschuldigt sich damit, daß wenige nur das Sagen und Urteilen haben und Priester kaum mehr unter sich sind.
Wie oft ist die Gemeinschaft des Presbyteriums gefährdet, weil mancher Mitbruder abgedrängt wird in ein Vorurteil, das er nicht verdient; weil man ihm böse deswegen ist, weil er gut ist mit einem, dem man selber böse ist.

In seiner Teilkirche ist der Einzelbischof das sichtbare Prinzip und Fundament der Einheit. Es ist Ungehorsam gegen den Buchstaben und den Geist des II. Vatikanischen Konzils, gegen den Papst oder den Bischof zu agitieren, ihnen Ehrfurcht, Gehorsam und Liebe zu verweigern. Der hl. Cyprian sagt: „Der Bischof ist in der Kirche und die Kirche im Bischof." Wer diese Glaubenslehre des Konzils nicht annehmen und befolgen will, der ist auf dem Weg zur Spaltung von der Kirche und von Christus, in dessen Person der Bischof handelt.

Der Bischof ist
in der Kirche und die Kirche im Bischof

Orate fratres! Betet, Brüder, für die Bischöfe, die kraft göttlicher Einsetzung das von den Aposteln übernommene Hirtenamt auszuüben haben. Bei aller möglichen menschlichen Fehler- und Sündhaftigkeit seid ihr mit dem Bischof verbunden, der an Gottes Stelle der Herde vorsteht. Seid wohlwollend und barmherzig, seid wie Söhne und Freunde gegenüber dem, der für die Priester, Diakone und Gläubigen als Bischof für die Teilkirche bestellt ist. Söhne und Freunde sollt ihr sein, die den Bischof als ihren Vater anerkennen und ihm ehrfürchtig gehorchen (vgl. LG 28).
Es kann keine heilige Altargemeinschaft ohne oder gar gegen den Bischof geben, denn jede rechtmäßige Eucharistiefeier steht unter der Leitung des Bischofs (LG 26). Wir hätten die Liebe Christi nicht begriffen, wollten wir in die Eucharistiefeier und in den Gottesdienst Streit, Verweigerung und Haß hineintragen.

Keine Altargemeinschaft ohne oder gar gegen den Bischof

Liebe hochwürdige Mitbrüder! Im Amt, das Euch durch Handauflegung und Gebet des Bischofs im Sakrament der Weihe übertragen wurde, habt Ihr gemäß der Ordnung der Kirche Anteil am Amt und an der Verantwortung des Bischofs. Als sorgsame Mitarbeiter des Bischofs könnt Ihr das Amt des Bischofs vor den Menschen wunderbar darstellen; es ist das Amt des Bischofs, an dem Ihr teilhabt; es ist schließlich das Priestertum Christi selbst, in das wir als Diener am Volk Gottes gestellt sind. Es ist das Amt in der Vorgabe der apostolischen Sukzession, in die ihr durch den Bischof und mit dem Bischof eingeordnet seid. In der apostolischen Sukzession stehen wir in jener Vertrautheit mit Christus, die uns nichts anderes tun läßt als das zu tun, was Jesus wollte und was der Heilige Geist durch die Heilsgeschichte fortwährend der Kirche sagt.

Unsere Lasten werden erdrückend, wenn wir uns selbst bemitleiden und wir uns für zu gut halten, um Gott über alles zu lieben. Auch die kleinste Last will mit Liebe zu Gott getragen werden, damit sich erfüllt, wozu wir berufen sind. Wer seine eigenen Mühen fürchtet und nicht trägt, der wird in Anmaßung und Kritiksucht, in Verdrossenheit und Lieblosigkeit enden. Wenn sich Christus selbst von Herzen demütig nennt, dann sollen auch wir uns nicht schämen, wie Jesus demütig, gehorsam, gütig, selbstlos und in allem wohlwollend zu sein.
Wenn alles, was der Priester wirkt, nur auf der Leistung und auf seinen persönlichen Verdiensten ruhen wollte, ist unser priesterliches Wirken nur nichtige Anmaßung. Der Glaube der Kirche hält immer wieder fest, daß der Priester in der Person Christi wirkt, damit Gnade und Heil in den Sakramenten und im Tun der Kirche den Menschen zuteil wird.

Wie oft ersehnt mancher von uns ein wenig Ruhe und Sammlung; auch Jesus empfiehlt sie seinen Aposteln. Unsere Ruhe soll jedoch kein bloßes Nichtstun und kein Verweilen in oberflächlicher Zerstreuung sein. Ruht aus mit Jesus; sucht das stille persönliche Gebet und die Anbetung des Herrn in seiner eucharistischen Gegenwart. Macht die euch anvertrauten Kirchen zur Stätte eures persönlichen Gebets; wie beeindruckt und erbaut sind die Gläubigen, die am Beispiel ihrer Priester das Glück des Psalmes erfahren: „Wohl denen, die wohnen in deinem Haus, die dich allezeit loben" (84,5).

Wenn Pfarrgemeinden ein „Recht auf Eucharistie" anmelden, müssen diese sich auch fragen lassen, ob sie selbst sich bemühen, daß aus ihrer Gemeinde neue Berufungen hervorgehen. Geistliche Berufe sind wohl ein Werk der göttlichen Gnade und beruhen auf der freien Entscheidung der Berufenen; wir können und dürfen geistliche Berufe nicht erzwingen. Wir können jedoch den Boden für Gottes Ruf bereiten helfen: durch vorbildliche Priester, gläubige Familien, lebendige Pfarrgemeinden, durch gute Lehrer und Religionslehrer, durch öffentliche Wertschätzung des Priesterdienstes, durch Zuwendung an die Jugend, durch Vorbild in reinem und keuschem Lebenswandel, durch Treue zu den Geboten und Weisungen Gottes, durch Gebet und Opferbereitschaft, durch tiefen Glauben und Orientierung an Gott, durch Auseinandersetzung mit jenen gefährlichen Vorurteilen in der öffentlichen Meinung, die Christsein und lebenslange Treue zu freien Entscheidungen in Frage stellen.

Die Vermutung, daß keine Sehnsucht des Menschen umsonst ist, hat auch etwas Einlösbares in sich: der Hunger des Menschen ist die Botschaft davon, daß es das Brot gibt; das Fragen des Menschen ist der Hinweis darauf, daß es eine Antwort gibt; das Beten des Menschen lebt von der Gewißheit, daß es Gott gibt, der uns erhört. Wie steht es denn mit der Sehnsucht der Gläubigen, die offenkundig macht, daß es den Priester im Werk Jesu Christi geben muß? Die Sehnsucht der Menschen nach der Vergebung der Sünden, nach der Eucharistie und nach der Wahrheit Christi sollte auch den Priester erwirken, den Gott beruft.

Wenn wir den geweihten Priester für ersetzbar halten, verlassen wir den Glauben und die Ordnung der einen, heiligen, katholischen und apostolischen Kirche. Wenn wir Mangel an Priestern haben, tragen wir nicht viel zu dessen Behebung bei, solange wir die Schuld beim Zeitgeist, bei den Familien, bei den modernen Leitbildern, bei den Schulen und beim Wohlstand suchen. Solche Schuldsprüche sind manchmal sehr ungerecht, denn die Not der Kirche ist vielmehr das Spiegelbild unserer eigenen Unbekehrtheit und unseres mangelnden Gottesglaubens. Die Sache Christi braucht mehr als Beschlüsse, Papiere, Programme und Analysen; wie das größte Gebot die Liebe zu Gott von uns fordert, so ereignet sich alles im Reich Gottes von Herz zu Herz zwischen den Menschen.

Zweifellos wird heute vieles in unserer Kirche geredet, gefordert und diskutiert. Und ich rufe allen, die meinen, ihre Stimme erheben zu müssen, zu, daß jede Initiative und jede Idee vorweisen möge, welche Berufungen sie erbringt. Berufungen sind das Kennzeichen des wahren Weges, damit alle Menschen die Früchte dann auch erkennen. Ein guter Baum wird gute Früchte bringen. Wir wissen auch, daß ein Baum, der verdorrt ist, der abstirbt, keine guten Früchte mehr bringen kann. Aber ich sage denen - auch wenn es oft tragisch ist - daß etwas abstirbt. Es ist zumindest immer wieder der Gnadenimpuls Gottes da, daß wir neue, junge Bäume pflanzen, denen wir das Werk Christi, die Kirche anvertrauen dürfen.
Wir brauchen die Erneuerung der Kirche immer wieder. Ich rede nicht von Reformation oder Reform. Erneuerung muß es sein, was die Kirche braucht. Und wie geschieht das? Wir sind heute versucht, daß wir gedanklich und wortmäßig nur die Erneuerung probieren in Papieren und Programmen. Aber wir setzen nicht auf Papier. Wir setzen auch nicht auf kluge, theologische Gedanken, sondern wir setzen vor allem auf die gläubigen Menschen, auf die Priester und auf die Laien. Und das soll es sein, was der Kirche heute Hoffnung gibt.

Berufungen sind das Kennzeichen wahrer Erneuerung

Als Menschen mit Würde, als Menschen, die etwas leisten und zuweilen auch Lob verdienen, ist es ein gutes Recht, daß Ihr Euch wünscht, *geliebt* zu sein. Aber ich bitte Euch, erwartet nicht unbedingt, *beliebt* zu sein. Das ist eine andere Frage, die wir eigentlich nur mit dem Geist der Nachfolge Christi beantworten können. Auch Jesus war *geliebt*, aber sicher nicht überall *beliebt*.

175 *Oft geliebt, aber nicht überall beliebt*

Viele denken heute darüber nach, was die Kandidaten für das Priesteramt lernen und wissen sollen. Alle Ausbildung und Vorbereitung wird die Berufenen zum Wohl der Kirche sammeln, wenn die Berufenen mit ihrem ganzen Selbst - mit ihrer Freiheit, mit ihrer Vernunft und mit ihrer Opferbereitschaft - in das Geheimnis Christi eintreten. Dann werden sie begreifen, daß der Knecht nicht größer als sein Herr ist; wenn Christus verfolgt wurde, werden auch seine Jünger verfolgt werden; wenn die Menschen am Wort der Priester festhalten, dann ist es Jesu Wort, an dem sie festhalten (vgl. Joh 15,20). Es geht um das Geheimnis Christi, in dem allein die Berufung gedeihen muß, denn: „Wer euch hört, der hört mich“ (Lk 10,16).

Die Gottesmutter, die auch die Mutter der Kirche ist, hat niemals das Amt der Apostel angestrebt; ihre Nähe zu Christus ist eine andere Nähe, die in der vollkommenen Heiligkeit gegründet ist.

Die Kirche, wie Christus sie wollte

Danken wir Gott, daß wir zur einen, heiligen, katholischen und apostolischen Kirche gehören. Diese Kirche Christi kommt aus der Ewigkeit Gottes in die Geschichte, denn sie ist schon seit dem Anfang der Welt vorausbedeutet, in der Fülle der Zeit vom Erlöser Jesus Christus gestiftet und durch die Ausgießung des Heiligen Geistes offenbart. Am Ende der Zeiten aber wird sie in Herrlichkeit vollendet werden, wenn alle Erwählten in der allumfassenden Kirche beim Vater versammelt werden (vgl. II. Vat. Konzil, LG 2).

Nicht zuletzt ist unser Glaube die Ehrfurcht vor dem Geheimnis der Kirche. Die Kirche ist in Christus Zeichen und Werkzeug für die innigste Vereinigung mit Gott und eint die ganze Menschheit. Die göttlichen Geheimnisse lassen sich nicht durch menschliches Tun einholen oder ersetzen und sind menschlichem Tun auch auf demokratische Weise nicht verfügbar.

Die wahre Kirche Christi ist nicht jene, die wir uns gerade ausdenken oder erträumen; die wahre Kirche Christi ist jene, die von Christus gewollt und geliebt ist. Der Priester, den diese Kirche braucht, ist nicht der Sozialarbeiter oder Funktionär, nicht der Therapeut oder Guru, nicht der Medienliebling oder Macher. Die Priesternot ist Ausdruck der verwirrenden Auseinandersetzung über die Kirche. Die von Menschen gemachten Gottesbilder, Kirchenbilder, Priesterbilder und Weltbilder nehmen heute nicht Maß an der Wahrheit und am Werk Christi. Nichts jedoch kann eine Lebensentscheidung der Berufenen mehr verwirren als das Fehlen der Wahrheit, d.h. die fehlende Übereinstimmung mit dem, was Christus mit seiner Kirche wollte.

Es gibt nicht verschiedene Kirchen. Es gibt nur eine wahre Kirche Christi, eine Kirche mit der vollen Wahrheit. Es gibt teilhabende Gemeinschaften, die sich irgendwie hinordnen auf die katholische Kirche. Aber die wahre Kirche Christi ist die katholische Kirche. Das II. Vatikanische Konzil bringt das zum Ausdruck mit dem berühmten Wort „subsistit", d.h. die Kirche Christi ist verwirklicht in der römisch lateinischen, aber auch in jeder anderen Kirche, die katholisch ist und mit dem Papst Gemeinschaft hat.

Nach vielen Überlegungen in der Theologie und im Tun der Kirche dürfte als die Frage aller Fragen verbleiben: Wollen wir jene Kirche, die Christus gewollt hat? Wollen wir in dieser Kirche den Priester, der kraft seiner Weihe „in der Person Christi handelt" und dessen Wirken eine Weise der Gegenwart Christi in der Kirche ist? In den Sakramenten der Kirche hat nichts Wirkung und Geltung, wenn es sich nicht im Willen Christi begründet. Damit die Sakramente Gnade bringen, bedarf es des bestmöglichen Eingehens auf den Willen Christi. Hätte Christus nicht die Eucharistie gewollt und sie nicht für alle Zeiten eingesetzt, wäre eine eucharistische Feier heute ein Schauspiel ohne Gnade, auch wenn wir menschlicherseits dafür größte Feierlichkeit aufwenden sollten.

Die Bedeutung der Kirche wird immer einzigartiger. Die Kirche wird immer einzigartiger, schon allein deswegen, weil andere das notwendige Reden versäumen. Alle wissen von der Abtreibung, doch wer spricht schon davon? Gelegentlich diskutiert man über Euthanasie; wer aber redet vom unbedingten Lebensrecht des Menschen unabhängig von aktuellen Ereignissen? Jeder Mensch versteht die Liebe auch immer als Treue; wer aber erinnert an die Treue in Ehe und Familie? Jeder ahnt zumindest, daß die Ehe ihren Schöpfungssinn auch im Kind hat; wer getraut sich heute schon, dies den Menschen darzulegen? Immer mehr greift ein neuer Darwinismus um sich: der Lautstarke, der die Öffentlichkeit Beherrschende, der Akzeptierte hat mit seinen Ansichten Vorrang; wer aber tritt noch auf, sei es gelegen oder ungelegen? Viel zu selten treten glaubwürdige Mahner in der Welt auf. Immer aber muß wenigstens die Kirche dafür einstehen, daß sie „zugleich Zeichen und Schutz der Transzendenz der menschlichen Person“ ist, wie dies das II. Vatikanische Konzil es der Kirche zur Pflicht macht. Wenn viele schweigen, wird eine redende Kirche einzigartig sein.

Auch im Widerspruch bewegt die Kirche die Gedanken und Herzen der Menschen. Die Menschen wären um vieles ärmer, würde die Kirche aus Gefälligkeit schweigen. Wenn sich heute in der großen Welt etwas zu bewegen scheint, dann haben Papst und Kirche etwas mitbewegt, was das Lebensziel und die Würde des Menschen betrifft.

Die Kirche darf nicht schweigen 186

Wie alt ist die Kirche? Etwa zweitausend Jahre? Das II. Vatikanum ahnt die wundervolle Liebe Gottes zum Menschen von Ewigkeit, wenn es nicht einfach von der historischen Sichtbarkeit der Kirche ausgeht, sondern die Kirche als eine Ganzheit der Offenbarwerdung des Menschen in der Weisheit und Güte Gottes lehrt: Die Kirche „war schon seit dem Anfang der Welt vorausbedeutet; in der Geschichte des Volkes Israel und im Alten Bund wurde sie auf wunderbare Weise vorbereitet, in den letzten Zeiten gestiftet, durch die Ausgießung des Heiligen Geistes offenbart, und am Ende der Weltzeiten wird sie in Herrlichkeit vollendet werden. Dann werden ... alle Gerechten von Adam an, von dem gerechten Abel bis zum letzten Erwählten, in der allumfassenden Kirche beim Vater versammelt werden“ (LG 2).

Die einzig mögliche Geschichte der Kirche ist die Heilsgeschichte des Menschen. Niemals gibt es die Kirche ohne den von Gott geschaffenen Menschen; und die Kirche gibt es nur für den Menschen. Daher heißt es im II. Vatikanum über die Kirche: „Die Kirche ist ja in Christus gleichsam das Sakrament, das heißt Zeichen und Werkzeug für die innigste Vereinigung mit Gott wie für die Einheit der ganzen Menschheit“ (LG 1).

Wie der profane Modernismus sich an einem historisch zufälligen Jesus festmacht, so möchte man auch mit einer zufällig gewordenen Kirche die Stiftung und Sendung der Kirche durch Jesus zu einem Zufall von Gemeinschaftsbildung erklären. Wer jedoch das II. Vatikanum in seiner Lehre über die Kirche aufnimmt, dem geht auf, daß die Wahrheit über den Menschen ihre völlige Berechtigung und Wirklichkeit in der Existenz der Kirche findet. In der Kirche Christi geht es um Gott und den Menschen, auch nicht mehr um Gott allein. Und die Kirche Christi, das Volk Gottes, würde sich völlig mißverstehen, wollten die Gläubigen sagen: Wir sind Kirche, unser Entschluß begründet die Gemeinschaft der Kirche, wir schaffen Recht und Ordnung als die Basis, die Wahrheit und Praxis bestimmt. Gegen alle Basisdemokratie in der Kirche lehrt das II. Vatikanum die Kirche als das von der Einheit des Vaters und des Sohnes und des Heiligen Geistes her geeinte Volk (vgl. LG 3).

Mit dem Konzil bekennen wir die Kirche als seit dem Anfang der Welt vorausbedeutet und als vollendet in Herrlichkeit am Ende der Weltzeiten (vgl. LG 2). Kein einzelner, endlicher Mensch könnte die Kirche bilden; dennoch ist die Kirche nur für den Menschen und besteht nur aus Menschen. Es ist Christus, der das Ganze der Kirche gestiftet hat, weil er sich in Wahrheit und Liebe mit jedem Menschen eint und er das Haupt dieser Gemeinschaft ist, die sich als Kirche mit Gott innigst vereint und die Einheit der ganzen Menschheit bildet.

Österreich ist keine „Großdiözese", die von der Bischofskonferenz geleitet wäre. Die Diözesen Österreichs sind Teilkirchen innerhalb der Weltkirche; jede dieser Teilkirchen wird von einem Diözesanbischof geleitet, der sichtbares Prinzip und Fundament der Einheit in seiner Teilkirche ist. Die Teilkirchen sind nach dem Bild der Gesamtkirche gestaltet. Diese Ordnung bekräftigt das II. Vatikanische Konzil ausdrücklich und verbindlich (vgl. LG 23). So kann es in Fragen des Glaubens und der Sitten und im Heilshandeln der Teilkirchen keine abweichenden Sonderwege geben, die mit dem Glauben und der Ordnung der Gesamtkirche unvereinbar wären. Gemäß dieser Verfassung trägt jeder Bischof für seine Teilkirche unabtretbare Verantwortung und muß jene zu Gehorsam und Ordnung rufen, die sich anmaßen, durch Wort und Tat die Verfassung der Kirche zu schädigen.

Unsere Diözese ist eine Teilkirche, die nach dem Bild und nach der Ordnung der Gesamtkirche sich zu gestalten hat (vgl. LG 23). In Fragen der Glaubenslehre und der Moral, aber auch in den kirchlichen Gesetzen stehen wir in Gemeinschaft mit dem Papst und mit der Gesamtkirche. Es möge jeder bedenken, daß er mit unbedachten Worten und Botschaften der Einheit der Kirche großen Schaden zufügen kann. Nicht jede reklamierte Liebe zur Kirche ist wahre Liebe zu ihr. Wahre Liebe zur Kirche schließt Ehrfurcht und Gehorsam ein.

Der Glaubensgehorsam, der religiös begründete Gehorsam in der Kirche scheint immer wieder ein unüberwindbares Gegenüber zu bedeuten: Gebietender - Gehorchender, unendlicher Gott - endlicher Mensch, Fremdbestimmung - Selbstbestimmung. Wir suchen immer wieder jene Wirklichkeit, in der dieses Gegenüber seine wirkliche Einheit hat, in der sich reine Ehrfurcht ereignet, aller Gehorsam und alle Mühsal eine Versöhnung mit unserem Dasein finden.

Der Philipperbrief sagt vom Erlöser Jesus Christus: „Sein Leben war das eines Menschen" (2,7). Im Leben eines Menschen, im Leben Jesu also, ereignete sich alles Gegenüber, was den Gehorsam schwer macht und dennoch den Gehorsam als Liebe kundtut. Denn Jesus Christus, der Gott gleich ist, erniedrigte sich und war gehorsam bis in den Tod.

Nichts verliert der Mensch in jenem Gehorsam, der Gebietenden und Gehorchenden in der Ehrfurcht und Liebe eint.

Was den religiösen Gehorsam trägt, trägt auch die Autorität des Gebietens. Wenn die Autorität des Gebietens in Ehrfurcht und Liebe gründet, gibt es anderes als die Autorität aus Macht, nämlich auch die Autorität aus Dienen und Hingabe; die Autorität geht auch nicht aus Treue oder im Leiden verloren. Den am Kreuz getöteten Christus hat Gott erhöht; die Autorität des leidenden Gottesknechtes war es, daß er selbst leiden und sterben wollte; alles Leiden Christi ist Autorität, weil er das Leiden wollte: ipse voluit. Autorität ist aktive Identität im Gebieten und Gehorchen; auch der in Liebe und Ehrfurcht Gehorchende steht in dieser Autorität. Was die Autorität ausmacht, ist die Verantwortung, die im Gehorchen und Gebieten wie die Liebe unbedingt ist; die Liebe ist so unbedingt und dauerhaft, daß wir sagen dürfen: Ich liebe, weil ich liebe. Liebe ist Liebe, und das genügt für die Liebe.

Die Kirche braucht heute ihre Erneuerung im Glaubensgehorsam, aber auch in der Sorge für ihre gottgewollte Ordnung. Von den Hirten der Kirche wird heute verlangt, daß sie endlich mit Macht die Ordnung wiederherstellen; die Autorität wird der verlieren, der sie nicht ausübt. Die Kirche „schreitet zwischen den Verfolgungen der Welt und den Tröstungen Gottes auf ihrem Pilgerweg dahin“ und verkündet das Kreuz und den Tod des Herrn, bis er wiederkommt (vgl. LG 8). Die Liebe ist die Autorität der Kirche Christi; ohne diese Autorität ist die Kirche nicht das Sakrament für die innige Vereinigung mit Gott wie für die Einheit der ganzen Menschheit (vgl. LG 1). In der heutigen Not der Kirche entdecken wir die Autorität des Leidens, der Treue und der Hingabe; auf diesem Pilgerweg wird die Kirche zu neuen Taten erstarken, um ihre Trübsale und Mühen, innere gleichermaßen wie äußere, durch Geduld und Liebe zu besiegen und das Mysterium des auferstandenen Herrn schattenhaft, aber doch getreu in der Welt zu enthüllen, bis es am Ende im vollen Lichte offenbar werden wird (vgl. LG 8).

Im Hintergrund gläubigen Gehorchens steht die Wirklichkeit der göttlichen Dreifaltigkeit: Ein Gott in drei Personen, ein Gott in drei Gleichen an Gottheit. Auch in der geheimnisvollen Trinität ist das Verhalten der Gleichen zueinander Gehorsam, der nichts anderes als Liebe ist; der Vater ist nicht der Sohn, der Sohn ist nicht der Heilige Geist, der Heilige Geist ist nicht der Vater; der Unterschied der Gleichen besteht und steht dennoch nicht der vollkommensten Einheit der Gleichen im Wege. Jeder, der theologisch nachdenkt, kann gerade in der Trinität, der vollkommensten Wirklichkeit aller Wirklichkeiten, jene Verhältnisse des Gehorsams verstehen, die nicht in der Abhängigkeit, sondern in der Liebe die Unterschiede bewahren und dennoch die vollkommenste aller Gemeinschaften sind.

Viele Probleme im Leben der Kirche entstehen aus Ungehorsam; der Grund des Ungehorsams aber liegt im Mangel an Ehrfurcht voreinander. So liegt die Erneuerung in der Ordnung der Kirche in der Rückkehr zur Ehrfurcht; Ehrfurcht aber ist der vorauseilende Gehorsam aller voreinander und füreinander, das Zuvorkommen im Guten und in der Liebe. Eine unheilvolle Entwicklung in der Kirche ist das, was viele als „vorauseilenden Ungehorsam" bezeichnen und als legitimes Prinzip der Veränderung der Kirche durch faktische Verweigerung der Ordnung preisen. Was ohne Ehrfurcht vor dem Werk Gottes und vor der Berufung im Ganzen des Leibes Christi geschieht, wird niemals den Segen Gottes und den Gehorsam des Volkes Gottes ernten. Wer ohne Ehrfurcht in der Kirche Gottes handelt, wird trotz aller Machtstrategien im eigenen Ungehorsam und im Ungehorsam der anderen schließlich scheitern. Die Kirche wird als das Werk Christi bis zum Ende der Zeiten bestehen, doch ihr Überdauern wird sich in einer zarten Zerbrechlichkeit ereignen, die Ehrfurcht heißt und dem Menschen seinen rechten Platz vor Gott und vor dem Volk Gottes anweist.

Der Ungehorsam kommt aus dem Stolz der Menschen. Und der Stolz wiederum ist die hartnäckigste Lüge, die der Mensch über sich selbst aufrechterhält, denn der Stolz, der sagt, ich will nicht dienen, ist eine Selbsteinschätzung des Menschen, die ohne Glauben und ohne Liebe geschieht. Der Stolz ist das Dauermotiv jener Verblendung und Verstockung, die immer wieder die Menschen befällt. Der Stolz ist auch das, was in unserer Kirche so viele, den Aufmarsch so vieler führt, so vieler, die nicht dienen wollen, die nicht geben wollen, die sich nicht hingeben wollen, die sich nicht in der Sache Christi und der Kirche verzehren wollen.
Der Stolz, liebe Brüder und Schwestern, ist laut, er schreit und brüllt und macht von sich Reklame. Der Stolz ist laut und lügnerisch. Der Gehorsam ist still und von keiner Selbstsucht verfälscht. Der Stolz gebiert Konflikte, und der Stolz sucht gewaltsame Siege.

In der Kirche Christi gibt es den Ursprung der Lehre und des Amtes. Wenn heute heilige Vollmachten begehrt werden, die nicht ihren Ursprung im Willen Jesu Christi haben, werden die apostolische Tradition und Sukzession der Kirche geraubt und damit menschliche Strukturen an die Stelle dessen gesetzt, was Gott für die Menschen in der Kirche seit Anfang der Welt gewollt und geordnet hat.

Ganz gut lebt sich von den Geschichten, die man im Inneren unserer Kirche orten will. Auch die Geschichten von den Spannungen in der Kirche werden noch einige Zeit wirken. Immer öfter hört man jedoch, daß Spannungen ein Zeichen von Leben sind. Wer möchte schon eine „Soft-Kirche“, in der alles Harmonie und nichts mehr die treibende Herausforderung der Wahrheit Christi ist? Es ist geistige Erschlaffung, wenn man jeden Anspruch von Wahrheit als Herrschaftsdenken qualifiziert und sich in eine gewollte Armut gegenüber der Wahrheit stürzt; man will halt noch immer als ein Suchender gelten, selbst wenn man gar nichts finden will.

Manche erregen sich maßlos über die Botschaft der Kirche, versichern aber gleichzeitig, daß sich ohnedies kaum mehr jemand um die Lehre der Kirche kümmert. Warum dieser emotionale Aufwand, wenn die Tage der Kirche ohnedies gezählt sein sollen? In dieser sonderbaren Widersprüchlichkeit wird man die Kirche aber nicht ergründen.

Der geweihte Dienst des Priesters ist etwas anderes als eine Art sozialer oder kultureller Dienst, der seinen Auftrag von den Menschen herleitet. Ursprung, Sendung, Vollmacht und Autorität des geweihten Dienstes gründen in dem, was den Ursprung der Kirche selbst ausmacht. Auch die Kirche selbst gründet sich nicht im Willen ihrer Mitglieder; was die Kirche als das Volk Gottes ist und ihre Gemeinschaft begründet, ist die Einheit des Vaters und des Sohnes und des Heiligen Geistes (vgl. LG 3). Daher ist es irrig, das Grundgefühl des Volkes Gottes im Satz zu formulieren: „Wir sind Kirche". Nein, es muß heißen: Wir sind Gemeinschaft aus der Einheit des dreifaltigen Gottes. Nichts war, ehe Gott die Dinge und den Menschen schuf. Wer sich in seiner Sendung nicht auf Gott berufen kann, kann nicht die Werke Gottes tun. Auch wenn der Dienst der Geweihten im apostolischen Auftrag weitergegeben wird, ist es immer der ewige, eine und dreifaltige Gott, der in der Sendung des geweihten Dieners der Kirche gegenwärtig ist. Wenngleich die Kirche den Weg ihrer irdischen Pilgerschaft geht und Menschen immer wieder neu in die Schar der Geweihten eintreten, ändert sich nichts an der Wahrheit der Sendung und am Wesen des geweihten Dienstes.

Gott gibt keine Macht den Stolzen, die meinen, erst ihre Ideen und Initiativen wären unübertrefflich großartig und vorher nie dagewesen. Der Stolz schwärmerischer Neuerung ist ohne Ursprung und ohne Sendung und daher ohne Vollmacht in der Kirche.

In Glaubensfragen gibt es für manche Menschen nicht selten die Versuchung, mit abenteuerlichen Lehren wie aus dem Nichts hervorzutreten. Man beruft sich aus Mangel an Ursprung und Sendung auf Visionen, auf eigenartige Auserwählung, auf apokalyptische und endzeitliche Not oder auf Legitimation durch Anhängerschaft. Die Kirche legt solchen Ereignissen das strenge Maß ihrer Glaubenslehre an und kommt dabei eher selten zu positiven Bewertungen. Wo aber etwas sich nicht in der Glaubenslehre, in der Tradition und in der Ordnung der Kirche rechtfertigen will, dort ist der Weg zur Sekte oder zum selbstherrlichen Irrtum nicht weit. Immer wieder liegt für Gläubige die Gefahr der falschen Selbsteinschätzung darin, sich selbst, die vorgetragenen Urteile oder einen Zeitpunkt als etwas so Großartiges einzuschätzen, daß alles neue Zukünftige ausgeschlossen wird.
Auch die Kirche betont den Ernst des Augenblicks; doch ist es für die Kirche das gottgestiftete Ganze der Heilsgeschichte, das den Augenblick prüft und ihn an der Gegenwart Gottes in der Welt und Geschichte teilhaben läßt.

Wenn Jesus heute bei uns lebte, was würde er tun und sagen? Was die Kirche, auf Petrus begründet, sagt und entscheidet, das ist auch heute die Wahrheit und der Wille Christi. Woher kommst du, wer hat dich gesandt, wohin gehst du? Diese Frage muß jeder beantworten, der selbst sich zum Propheten ernennt. In all diesen Konflikten gilt das Wort des Herrn: „Wer euch hört, der hört mich, und wer euch ablehnt, der lehnt mich ab; wer aber mich ablehnt, der lehnt den ab, der mich gesandt hat" (Lk 10,16).
Was nicht von Gott kommt, kann niemals göttlich sein.

Die pastorale Zielsetzung des II. Vatikanums müßte durch eine bewußt theologische Fragestellung ergänzt werden, die nicht nur den pastoralen Nutzen erwägt, sondern den Ursprung aller Wahrheit und Gnade aus Gott kundtut. Das Grundgefühl des Glaubens kann nicht die Begierde nach Veränderung zu Lasten des Unveränderlichen und Ewigen aus dem göttlichen Ursprung sein; denn der Glaube ist im Ursprünglichen und nicht im Empirischen beheimatet. Die entscheidende Frage ist: Was müssen wir bewahren, um mit Gottes Hilfe und durch der Kirche Werk diese Welt zu bewahren und zu heiligen?

Zu allen Zeiten hat der Hochmut der „Erwählten" der Einheit der Kirche geschadet. Hochmut und menschliche Armseligkeit ist es, den Papst, manche Bischöfe und aufrechte Christen hemmungslos zu kritisieren und zu beleidigen, um sich die Illusion eines modernen, emanzipierten und offenen Christseins zu verschaffen. Mancher Betroffene wird auf diesem Weg einfach dazu bestimmt, erfolglos und unbeliebt zu sein. Dies alles in unserer Kirche, die sich neuerdings eine „geschwisterliche" nennt. Geschwister zu haben, ist für jeden von uns ein großes Glück. Das Besondere bei den Geschwistern liegt jedoch darin, daß niemand sich seine Geschwister auswählen kann, sie sind einfach Gabe Gottes für uns. Ob dies wohl die Anwender des Wortes „Geschwisterlichkeit" wissen, wenn sie auf ihre Protestfahnen „geschwisterlich" schreiben?

Wo Maria Mitte und Maß der Kirche ist, dort ist der wahre Glaube ungefährdet, dort, wo Maria Maß und Mitte ist, dort findet die Jugend ihre Heiligkeit und Reinheit. Und wo Maria Maß und Mitte ist, dort gedeihen Treue und Liebe in Ehe und Familie. Wo Maria die Mitte ist, dort ist jeder Mensch im Herzen dessen geborgen, den sie geboren hat - in Jesus Christus.

Christus und Maria sind nicht Vergangenes, über das wir mutmaßen müßten. Christus und Maria sind Gegenwart, die kein Ende hat; in dieser Gegenwart steht und entfaltet sich der Glaube der Kirche ...

Wenn es um Jesus Christus und Maria geht, sind wir in diese Gegenwart auch selbst eingebunden.

Die Gesinnung Christi gegenüber Maria ist heute nichts anderes als das Schicksal der Kirche mit seinem Haupt, mit Christus dem Erlöser. Je besser wir heute in das Geheimnis der Kirche Einlaß finden, desto besser begreifen wir das Ganze und immer Gegenwärtige der Gesinnung Christi gegenüber Maria. Weil aber zur Gegenwart Christi und Marias die Kirche gehört, deswegen sind auch wir in dieses immer gegenwärtige Gefüge der reinen Liebe einbezogen. Auch wenn wir als sündige Menschen nicht in der Fülle der Gnade und Heiligkeit stehen, auch wenn die Gnade Gottes jedem Verdienst unsererseits zuvorkommen muß, auch wenn wir glauben und nicht schauen, auch wenn Erbsünde und persönliche Sünde uns am Mitvollzug der reinen Liebe hindern, entläßt uns Gott nicht mehr aus jener Gegenwart des Heiligen Geistes, die das Grundgefüge der Kirche ist und in Christus und Maria schon ihre unüberbietbare Erfüllung hat.

In der Kirche hat es noch nie eine Erneuerung ohne die persönliche Bekehrung des einzelnen Gläubigen gegeben. Erneuerung ohne Bekehrung kann nur zur sterilen Bürokratie, zum Herrschen ohne Dienen, zu Forderungen ohne Herz und Vernunft und schließlich zur Spaltung führen.

Die Kirche kann nicht Kirche sein, wenn sie die Wahrheit der Offenbarung und ihrer Glaubenslehre verbirgt oder unterschlägt. Die Kirche kann sich nicht indifferent zu ihrem eigenen Wesen verhalten und der Marktplatz für solche sein, die „Kirche“ sagen, aber sich selbst und ihre eigenen Interessen und Positionen meinen. In einer wesenlosen Kirche ohne Wahrheitsanspruch läßt sich niemand mehr an Gott und Jesus Christus messen; es wächst zugleich jener pathologische Pharisäismus, der lautstark Toleranz, Pluralismus, Redlichkeit, Menschlichkeit, Freiheit, Gleichheit und Brüderlichkeit für sich reklamiert, aber mit geradezu naiver Inkonsequenz dasselbe den Unliebsamen verweigert. Man zeigt sich besorgt über den Umgang miteinander und formalisiert das Leben in der Kirche so, daß alles „mit Liebe“ Getane auch gut ist, alle „Kritik“ als Kritik schon wahr ist, das „Gespräch“ die Lösung aller Probleme ist, die „Angst“ das Zeichen von Fremdschuld und das irrationale „Gefühl“ der unbestrittene Punkt des Rechthabens ist.

Die Treue zum Papst bedeutet zuallererst die Treue zum Sohn Gottes, der das Petrusamt seiner Kirche schenkte. Die Treue zum Papst bedeutet die Treue zur Kirche, die ohne das Petrusamt nicht die Kirche Christi ist. Die Treue zum Papst bedeutet die Treue zur lebendigen Tradition der Kirche, die sich unter dem Beistand des Heiligen Geistes der Wahrheit von den Aposteln bis zum heutigen Tag vollzieht und gestaltet.

Treue verlangt eine Ganzheit; wer nur „treu mit Ausnahmen“ sein will, der ist noch nicht treu. Wer nur auf den Papst hören will, wenn er von Gerechtigkeit, Frieden, Menschenrechten, sozialem Fortschritt und von der Würde des Menschen spricht, der aber gleichzeitig andere Forderungen ihm streitig macht, der macht die Gemeinschaft mit dem Papst zum Gegenstand seiner eigenen Willkür.

„Treue zum Papst“ war einmal ein Wort in unserer Kirche, das alle verstanden, in dem sich alle verständigten, weil es die Einheit und Unversehrtheit in der Lehre des Glaubens bedeutete. Um Christi und des Heiligen Geistes willen müssen wir wieder die Gemeinschaft in der Lehre finden.

Gibt es einen Weg und ein Maß, wodurch wir zur gelebten Gemeinschaft mit dem Papst und mit den Bischöfen durch die einende Wahrheit des Glaubens zusammenfinden? Ein Vorschlag an alle, die die Kirche lieben wollen: Lassen wir uns vom II. Vatikanischen Konzil messen. Rede und Gegenrede, Konflikt und Versöhnung, Menschenfreundlichkeit und Gottesfurcht, Gehorchen und Denken, Entscheiden und Mittragen, Verpflichtung auf die Tradition und Sorge für die Zukunft: jeder ist in solche Ereignisse einbezogen, jeder mache sich die Mühe, zu zeigen, daß er auf dem Boden dessen steht, was das II. Vatikanische Konzil wollte und auch deutlich festschrieb. Jeder soll das, was er mit Überzeugung und Eifer vertritt, den festgeschriebenen Maßstäben des Konzils unterwerfen. Die Kirche selbst bietet uns das Konzil als Prinzip und Methode der Einheit an.

Spaltungen in der Kirche haben ihre eigene Tragik. Niemand darf sich anmaßen, auf der einen Seite die „Guten“ und auf der anderen Seite die „Bösen“ zu sehen. Auf beiden Seiten wird es die „Guten“, diejenigen guten Willens geben. Für beide Seiten wäre der Wettlauf im Guten und das Zuvorkommen im Guten geboten. Spaltung ereignet sich zumeist, wenn die Guten nicht miteinander in der Gesinnung Christi wetteifern wollen, und eine Seite das „Bessere“, Modernere, Offenere, Authentischere für sich gegen die andere beansprucht. Religiöse Spaltung hat immer mit einer Maßlosigkeit der Subjektivität zu tun, die sich den Normen und der Normalität des Glaubens entzieht.
Wie nichtig wären die Anmaßungen der „Besseren“, wenn sie Maß an Christus, dem wahren Gott und vollkommensten Menschen nähmen. Ohne die Wahrheit des Glaubens wird auch das Heiligste zur Hoffart des Herrschens.

Auch heute leidet Christus in und mit seiner Kirche: Er wird beschimpft und verleumdet, er wird kritisiert und abgelehnt, er wird verdächtigt und isoliert, er wird wie ein Rechtloser und Würdeloser behandelt, ihm werden die Worte verdreht, er wird mit Lügen geschlagen und bedroht, er wird von seinem Volk dem Urteil der Heiden ausgeliefert, er wird zum Täter erklärt, obwohl er Opfer ist.
Christus setzt auf seine Jünger und Freunde. Lassen wir ihn nicht allein, auch wenn man droht. Seid gewiß: Christus, der vom Tod Auferstandene, stirbt nicht mehr; zu seinen Getreuen sagt er: „Ich bin bei euch alle Tage bis zum Ende der Welt“ (Mt 28,20). All unser Leiden hat schon sein unvergleichliches Übergewicht in der künftigen Herrlichkeit. Geht wieder hinaus zu den Menschen und verkündet mit Mut und Freude die Wahrheit und Liebe Gottes. Gegenwart und nicht entrückte Jenseitigkeit ist die Wirklichkeit Christi in seiner Kirche. Immer erfüllter sei euer priesterliches Lebensgeheimnis und euer Dienst in dem, was das Apostelwort sagt: „So lebe nun nicht mehr ich, sondern Christus lebt in mir“ (Gal 2,20).

Es gibt heute nichts Böses mehr, das man der Kirche nicht vorwirft. Die schlimmste Beleidigung ist erlaubt, wenn sie gegen die Kirche und gegen den katholischen Glauben sich richtet. Die größten Beleidigungen tarnen sich als freie Kunst und machen unsere Gläubigen verzagt. Kaum jemand tritt mit Protest dagegen auf. Die Kirche als der geheimnisvolle Leib Christi leidet manchmal wie Jesus selbst: verlassen, verraten, hilflos und verachtet, zwischen den Verfolgungen der Welt und den Tröstungen Gottes schreitet die Kirche auf ihrem Pilgerweg dahin (vgl. LG 8).

Die Kontestation gegen die Kirche hat in Europa ihre „Vernetzung“ begonnen. Noch wird in Worten transportiert, was wohl den Schein von Gemeinschaft erweckt, aber schon in der Sache von der wahren Kirche spaltet. Immer weniger gebraucht man beim Wort Kirche die Merkmale der einen, heiligen, katholischen und apostolischen Kirche. Andere, verdeckende Attribute tauchen auf: „geschwisterlich“ wird ein Leitbild des Antihierarchischen, „offen“ verbirgt die Permissivität, „Hoffnung“ die Hoffart, „vernetzt“ die Konspiration und „engagiert“ ersetzt die Kompetenz. Sonderbare neue Liturgien tauchen auf, die wohl kaum mehr die katholische Identität für sich geltend machen können; ökologische Dogmen werden mit mehr Nachdruck verkündet als christliche Moralprinzipien; Koalitionen entstehen mit Ideologien, die dem katholischen Glauben entschieden widersprechen.

Die Kirche in Mitteleuropa steht vor einer Entscheidung, die mit einer Spaltung der Kirche endet, wenn sie weiter aufgeschoben wird. Wohl bestehen noch gemeinsame Worte, die auch die Kontestatoren aussprechen; aber längst stiften diese Worte des Glaubensbekenntnisses nicht mehr Gemeinschaft, weil sie mit Absicht möglichst nichts bedeuten sollen, um die stille Emigration aus der Glaubens - und Lebensgemeinschaft der Kirche ungehindert fortsetzen zu können. Längst spielt eine große Zahl der Massenmedien das Spiel der Kontestation und versucht die Bischöfe einzuschüchtern, um aus der Kirche ein leeres Haus ohne Wahrheits- und Lehranspruch und ohne göttlichen Grund werden zu lassen. Das Lehramt der Bischöfe ist heute die mühsamste Aufgabe geworden, der man sich durch pastoralen Aktivismus auch leicht entziehen kann.

Die heilige Liturgie hat ihre Ordnung durch die Kirche und darf nicht als Spielfeld der Beliebigkeit, der Wichtigtuerei oder Agitation mißbraucht werden. Das II. Vatikanische Konzil lehrt in der Dogmatischen Konstitution über die Kirche: „Jede rechtmäßige Eucharistiefeier steht unter der Leitung des Bischofs“ (LG 26). Wenn im eucharistischen Hochgebet der Bischof mit Altbischof und Weihbischof zu nennen ist, so wird nicht nur für sie gebetet, sondern dadurch auch die Rechtmäßigkeit der Eucharistie ausgewiesen. Wer dies mit Absicht nicht tut, der sündigt gegen die Einheit der Kirche. Denn „in jedweder Altargemeinschaft erscheint unter dem heiligen Dienstamt des Bischofs das Symbol jener Liebe und jene Einheit des mystischen Leibes, ohne die es kein Heil geben kann“ (LG 26). Der Ungehorsam kann sich also weder auf den Geist noch auf den Buchstaben des Konzils berufen.

Es ist anbetende Ehrfurcht, wenn wir das Eucharistische Opfer Christi gewissenhaft nach der liturgischen Ordnung der Kirche feiern. Das II. Vatikanische Konzil nennt die liturgische Feier das Werk Christi, des Priesters, und der Kirche und damit eine heilige Handlung, deren Wirksamkeit kein anderes Tun der Kirche an Rang und Maß erreicht (vgl. SC 7). Wir wollen Gott nicht die Ehrfurcht verweigern, indem wir die heilige Liturgie zu einer Spielwiese für Beliebigkeit und Banalität werden lassen.

Am Kreuz sagte Jesus zu seiner Mutter: Frau, dies ist dein Sohn; und zum Jünger sagte Jesus: Dies ist deine Mutter (vgl. Joh 19,26f). Konnte irgendwoanders Jesus mit tieferem Ernst uns sagen: Dies ist deine Mutter? Zum Eucharistischen Opfer gehört auch die Gemeinschaft mit Maria. So ist es kein verschiedenes Beten, wenn wir unsere Not der Fürsprache Mariens und der Barmherzigkeit Jesu Christi vortragen. Sprecht eure Herzen aus und kehrt mit dem Trost zurück, daß niemand euch besser verstanden hat und euch näher ist als Jesus und Maria.

Die Kirche versteht das „Recht auf Eucharistie“ nicht als ein kollektives Recht der Gemeinde, sondern als eine persönliche Einladung an die Gläubigen, die wiederum persönlich zur Mitfeier der Sonntagsmesse verpflichtet sind.

Gerade jetzt ist die Stunde der Wahrheit, daß die Gläubigen ihre Sonntagspflicht ernst nehmen und gewissenhaft jeden Sonn- und Feiertag an der Eucharistie teilnehmen. Eine äußerliche Erfüllung des Sonntagsgebotes wird noch nicht genügen. Es müssen Glaube und Ehrfurcht die Feier der Liturgie tragen. Jenseits aller Aktivitäten und äußeren Formen muß auch das innere gnadenvolle Geschehen der Eucharistie den Gläubigen aufgehen: der wahrhaftige Vollzug des Werkes unserer Erlösung.

Treue zu Gott gestattet uns keine eigenmächtigen Ausnahmen. In der gelebten Treue zur sonntäglichen Eucharistiefeier wächst auch die Entschiedenheit für Treue in Ehe und Familie, wachsen auch die geistlichen Berufungen, die das Zeugnis der Radikalität durch die Treue des Volkes Gottes brauchen.

Erneuern wir unsere Liebe und Wertschätzung für das Eucharistische Opfer. Das Sakrament der Eucharistie ist unter allen Sakramenten der Kirche einzigartig: Jesus Christus ist als wahrer Gott und Mensch wahrhaft, wirklich und wesentlich in den Gestalten von Brot und Wein gegenwärtig.
Leider ist vieles in der Sprache und im Wissen der Gläubigen bezüglich der Eucharistie ungenau. Anläßlich der Vorbereitung der Kinder auf die Erstkommunion haben die Priester unbedingt darauf zu achten, daß die Helfer bei der Vorbereitung den persönlichen Glauben, das notwendige Glaubenswissen und ein geordnetes liturgisches Verhalten mitbringen.

Zur notwendigen Ehrfurcht vor Gott gehört, daß jeder Gläubige versöhnt mit Gott im Stand der Gnade den Leib des Herrn empfängt; wer den Leib des Herrn unwürdig empfängt, versperrt sich selbst der Gnade und erleidet das Gericht des Herrn für jenen, der ohne Hochzeitsgewand zum göttlichen Gastmahl hinzutritt (vgl. Mt 22,11-14). Es ist heute besonders zu betonen, daß die Gläubigen die Vergebung ihrer schweren Sünden in einer persönlichen Beichte suchen müssen, ehe sie kommunizieren.

Auch das stille Gebet und Formen der persönlichen Anbetung und Ehrfurcht sollen den Empfang des Leibes Christi begleiten. In manchen Ländern, auch in Österreich, gestattet die Kirche sowohl die Mund- als auch die Handkommunion. Beide Weisen des Empfanges sind möglicher Ausdruck von Ehrfurcht. Eine Art Glaubenskrieg in dieser Frage liegt nicht im Sinne der Kirche. Dennoch mögen alle in vornehmer Rücksicht auf die Frömmigkeit ihrer Brüder und Schwestern das Wort des Hl. Paulus bedenken: „Alles ist erlaubt, aber nicht alles baut auf. Keiner suche seinen eigenen Vorteil, sondern den des anderen“ (1 Kor 10,23 f). In kluger Weise sollen die Seelsorger die Kinder zunächst zur Mundkommunion anleiten und sie ehrfürchtiges liturgisches Verhalten lehren.

Erneuern müssen alle Gläubigen ihr Glaubensverständnis der heiligsten Eucharistie und des Kommunionempfangs. Zur Kommunion darf nur jener Gläubige hinzutreten, der frei von Todsünde und im Stand der heiligmachenden Gnade ist; viele beteuern, diese Lehre der Kirche nie im Religionsunterricht oder im Theologiestudium gehört zu haben. Gott hat ein Recht, von uns das gute Gewissen zu verlangen, das uns in einer würdigen Beichte neu geschenkt wird und uns gleichsam eucharistiefähig macht.

Dies ist heute das Problem, wenn nicht mehr verstanden wird, daß nur im Stand der Gnade die heilige Kommunion würdig empfangen werden kann. In Gottes Angesicht werden wir auch nicht wagen, den Leib Christi in der Eucharistie zu verlangen, wenn wir in einem objektiven und dauernden Widerspruch zum Gesetz Christi stehen.

Der Weg der Versöhnung mit Gott führt über die persönliche Beichte des einzelnen Gläubigen.
Das Bußsakrament ist ein Sakrament der Kirche, von Christus eingesetzt und durch Christi Gnade wirksam. Es ist gut, wenn der Mensch beim Empfang des Bußsakramentes alle seine natürlichen Fähigkeiten einsetzt. Dennoch muß das Sakrament selbst die Mitte der Versöhnung und Buße bleiben, sodaß nicht alles von einem gelungenen Gespräch zwischen Priester und Beichtendem abhängt; die Aussprache ist nicht das einzige Element einer gnadenvollen Beichte. Es muß daher in allen Pfarren sichergestellt sein, daß die Gläubigen auch in der bisher geübten Weise, ohne besonderen Rückgriff auf eine umfassende Aussprache, beichten können. Die Kinder sollen freien Zugang zu den verschieden gestalteten Möglichkeiten der Beichte haben und nicht einer unberechtigten Bevormundung unterworfen werden, die zu einer Abkehr von der Beichte im Erwachsenenalter führen könnte.

Ich wünsche Euch, liebe Brüder und Schwestern ein offenes Herz für die Heiligste Eucharistie. Ich wünsche Euch allen, daß Ihr sie versteht und daß wir sie nicht unwürdig empfangen. Denn es ist Unrecht an der Liebe Gottes, wenn wir unwürdig dieses Sakrament empfangen. Jeder kann sich mit Gott versöhnen, und jeder möge auch gerade in der persönlichen Beichte der schweren Sünde gleichsam den Weg zur Eucharistiefähigkeit seiner Seele und seines Herzens erbitten.

Bußfeiern mit kollektiver Lossprechung sind unerlaubt; sie sind auch ungültig, weil der Diözesanbischof für diese unerlaubt kollektive Lossprechung die notwendige Befugnis den Priestern ausdrücklich verweigert. Alle mögen zum Herrn aufbrechen, auch mit der Größe persönlichen Gehorsams und demütiger Liebe zu Christus.

Religion ist keine Privatsache

Es ist heute das große Problem, daß Religion eigentlich nur mehr verdrängt wird in die Privatsphäre und daß man der Religion - nicht nur dem Christentum - abspricht, eine persönliche und zugleich öffentliche Sache des Menschen zu sein. Sie ist nicht nur eine private, sondern auch eine öffentliche Angelegenheit!

Es widerspricht dem Wesen der Religion und vor allem dem Recht des Menschen auf Ausübung seiner Religion, das Religiöse in einem geeinten Europa auf eine Privatsache des einzelnen zurückzudrängen. Es kann nicht mehrere Ebenen von Wahrheit geben, die einander nicht berühren und dabei die religiöse Wahrheit als Relikt der Subjektivität des Menschen so isolieren, daß die religiöse Lehre in den allgemeinen Prozeß von Erkenntnis, Wissen und Wirkung nicht eingreifen kann oder nicht darf.

Es ist derselbe Mensch, der denkt, forscht und Erkenntnisse gewinnt, es ist aber auch derselbe Mensch, der glaubt und aus seinem Glauben die Welt nach dem Maßstab von Wirklichkeit und Wahrheit gestalten will. Es ist im letzten eine Verweigerung des agnostischen Menschen, der dem Religiösen keinerlei Wirklichkeit und damit keinerlei Beziehung auf die erkennbare Welt zugestehen will.

Es kann nicht mehrere Ebenen von Wahrheit geben

Die viel beschworene und viel besagte Trennung von Kirche und Staat, von Politik und Heil ist eine einseitige Beliebigkeit, der die katholische Kirche den einen Schöpfer der Welt, die eine Wahrheit über den Menschen, die eine Würde der Person, die eine Wahrheit Gottes, das eine Gewissen unterscheidend, aber dennoch einend gegenüberstellt. Die Kirche ist nicht der Staat. Und der Staat ist nicht die Kirche. Aber derselbe Mensch ist Bürger und Kind Gottes.

Die Kirche hat das Recht und die Pflicht, diese Wahrheit über den Menschen zu verkünden, die nicht nur unterscheidet zwischen Profanem und Religiösem, sondern die auch das Politische und das Geistliche eint. Die Kirche hat diese Wahrheit zu sagen. Und es gibt auch das Recht des Christen und der Kirche, dieser Säkularisierung, der wir heute begegnen (daß man uns diese Dinge aus der Hand zu nehmen versucht), der Profanierung und gewissermaßen der präsumierten Gottlosigkeit in der Gesellschaft widersprechen zu wollen und es auch zu müssen. Es gibt den notwendigen und den legitimen Unterschied zwischen Kirche und Staat. Doch die Sache Gottes und die Sache des Menschen widersetzt sich einer beziehungslosen oder gar feindseligen Trennung von Staat und Kirche.

Derselbe Mensch ist Bürger und Kind Gottes

Es gibt Realitäten, die „iuris divini“, d. h. göttlichen Rechtes, unbedingt, zeitlos und mit dem Wesen Gottes verbunden sind; iuris divini ist die Würde des Menschen, das Recht auf Freiheit und Religion, iuris divini sind Familie und Ehe, iuris divini ist das Recht auf Leben in allen Phasen der menschlichen Existenz, iuris divini ist das Recht des Menschen auf Wahrheit, iuris divini ist die Kirche als Vergegenwärtigung des Erlösungswerkes Christi, iuris divini ist das wahre Urteil des recht gebildeten Gewissens. Kein Staat der Welt, ob in Geschichte oder Gegenwart, ist so mit dem Willen Gottes verbunden, daß er unbedingt oder ewig bestehen müßte. Aus der erfahrenen Geschichte wissen wir längst, daß keine politische Institution zeitlos ist und immer bestehen muß. Gerade das, was sich in der politischen Weltgeschichte abspielt, kommt und vergeht. In diesem Kommen und Gehen der Geschichte kann letztlich nicht offenbar werden, was unbedingt gilt oder zu allen Zeiten existieren muß.

Das göttliche Recht
ist zeitlos und unbedingt

Wenn man sagt: Religion ist eine Privatsache - dann ist das eine Weise des sogenannten Agnostizismus. Es ist dies eine philosophische Einstellung, die sagt: Wir haben bei Religion im nichtempirischen Bereich überhaupt keine Wahrheitserkenntnis. Das ist nicht möglich, sagt man. Was jenseits der Empirie liegt, das kann nicht erkannt werden, es kann natürlich auch nicht in allgemeingültigen Urteilen ausgesagt werden. Und dieser Agnostizismus ist auch - verstehen Sie es bitte richtig - eine Weise des Atheismus, ein Atheismus, der praktisch vorerst gar nicht so sehr gegen Religion und Glauben kämpft, sondern der alle Gleichgültigkeit und allen Skeptizismus gegenüber einer absoluten Wahrheit aufbietet, um den Menschen und die ganze Welt gewissermaßen nur mehr rein immanentistisch, relativ, skeptisch und veränderlich zu deuten. Agnostizismus ist also eine Form auch des heutigen Atheismus.
Die Kirche hält dagegen: „Religion ist nicht Privatsache."

Es geht immer wieder um diesen Gegensatz von Gottesrechten und Menschenrechten. Und ich möchte sagen: Wir müssen die Gottesrechte verteidigen, aber wir verteidigen diese Gottesrechte, für die wir sehr wohl unseren Mut aufbieten, auch als die Rechte der Menschen, und umgekehrt: Die Rechte des Menschen sind Gottesrechte. Und es sind die besten Rechte, die der Mensch hat, wenn sie in Gott gegründet sind. Und deswegen gehört hierher auch der Religionsunterricht. Unserer Jugend gebührt es, daß sie weiß, wer Gott ist, daß sie weiß, daß das letzte, die letzte Weisheit der Welt die Liebe und nicht der Haß ist oder die Machtausübung. Dann müssen wir diese jungen Menschen auch unterrichten. In jeder Pfarre, in der ich komme und visitiere, sage ich immer als dritten wichtigen Punkt: „Liebe Eltern, unterstützt den Religionsunterricht, dort fällt die Entscheidung für die Zukunft, was die Kinder begreifen, was sie lernen, wie sie sich Gott nähern oder wie sie vielleicht durch Fehlleistungen von ihm abgewendet werden." Der Religionsunterricht ist sehr wohl gut geordnet und wird auch mit großem Verständnis und Wohlwollen des Staates gemacht. Dafür danke ich hier ganz besonders. Denn es geht um die Zukunft der Jugend, aber auch um die Zukunft der Kirche ganz allgemein.

Ein oft mißverstandenes Wort, ein mißbrauchtes Wort ist jenes der „Äquidistanz“ der katholischen Kirche zu den politischen Parteien. Das Wort Äquidistanz ist bekannt. Es wird oft verwendet, der lat. Wortsinn heißt: gleicher Abstand von allen, aequus = gleich, d.h. gleiche Distanz der Kirchen von den Parteien. Aber dem ist nicht so. Das kann die Kirche nie tun und auch die Parteien nicht. Es ist dies eine Abstraktion, die unrichtig ist. Nicht die Kirche hält den gleichen Abstand zu den Parteien. Die Kirche ist viel älter, die Kirche ist um vieles wichtiger als jeder einzelne Staat. Die Kirche ist auch etwas ganz anderes als ein bürgerlicher Staat. Und es sind die einzelnen Parteien, die nun verschieden entfernt sind von der Kirche, verschieden ferne oder verschieden nahe zur Kirche sind. Und der moderne Staat und die Demokratie, sie sind jünger - das soll nicht gegen sie sprechen. Aber die Kirche besteht ja auch in den vielen Jahrhunderten, und sie existiert aus anderen Gründen als der Staat oder eine Demokratie. Und deshalb soll man auch die Kirche nicht einfach vergleichen mit etwas, was sie nicht ist.

Nach mancher Politikermeinung soll sich die Kirche außerhalb ihres kultischen Bereiches, d.h. außerhalb der Kirche und ihrer religiösen Lebensformen in nichts einmischen. Längst aber mischt sich - das möchte ich dagegen halten - die Politik und alles Mögliche in die Kirche ein, und in allen möglichen Dingen. Über die Familie zu sprechen war doch schon immer ein gutes Recht der Kirche. Und wenn Gott den Menschen schuf und sagte: „Mann und Frau sollt ihr sein, ihr sollt eine Ehe gründen und Kinder haben, ihr sollt eine Familie sein", ich glaube, hier nehmen wir eine Verpflichtung wahr, die uns niemand, kein Politiker und sonst niemand, aus der Hand schlagen darf. Es gab aber auch andere Dinge. Ich möchte ein paar unangenehme nennen. Als wir das Kirchenvolksbegehren hatten, da gab es viel Einmischung in die Kirche. Es geht ja auch umgekehrt. Bischofsernennungen - wie viele haben sich da eingemischt in die Entscheidungen der Kirche, obwohl sie vielleicht gar nicht zur Kirche gehören. Und es gab diese sehr unzutreffenden Statements, sei es von Ministern, von Landespolitikern, von Abgeordneten bei diesem KVB - und das war wirklich für die Kirche nicht unbedingt hilfreich und ist letztlich Einmischung in die Kirche durch die Politik.

Der Friede ist eine Gabe Gottes, die das Werk von Menschen guten Willens sein will. Der Friede unter den Menschen kann dauerhaft nur gelingen, wenn er anderes will als die Harmonisierung der bloß menschlichen Bedürfnisse und Ansprüche. Wenn Friede sein soll, muß auch die Ordnung Gottes zu ihrem Recht kommen. Was unter Menschen das friedvolle Zusammenleben trägt und sichert, braucht den göttlichen Grund. Keine irdische Autorität, kein menschlicher Gesetzgeber und kein Geschöpf kann dem Menschen jene Würde verleihen, die Gott selbst jedem Menschen vor allem Zutun der Gesellschaft schon gibt. Es ist die Ehrfurcht vor der Würde des anderen Menschen, die Gerechtigkeit und nicht bloßen Austausch von Interessen ermöglicht; Liebe ereignet sich dort, wo die Ehrfurcht vor der Würde zur reinen Liebe führt, die das Begehren und Brauchen überschreitet.

Auch der Soldat ist heute mit den gängigen Ideen und Optionen konfrontiert; er lebt als Bürger unter Bürgern; er kann in freier Entscheidung als Bürger die Politik des Staates mitbestimmen; er ist nicht zur Abstinenz von den Rechten des Staatsbürgers in der Kaserne angehalten. Der Soldat kann sich auch in der Kirche am Apostolat beteiligen, er kann mitgestalten und mithelfen, er kann der Zeuge Christi, der gewissenhafte Vorgesetzte und der treue Beschützer des Vaterlandes sein; er kann der wahre Mensch durch Christus sein, der in seinem Lebensbild ein Abbild der Heiligkeit und Güte Gottes und der Liebenswürdigkeit unseres Erlösers ist.

Wenngleich es das Bestreben weniger ist, den Soldaten und das Militärwesen zu isolieren, steht der Soldat im Urteil der Kirche und auch der Bürger in Ansehen und Ehren. Auch wenn manche behaupten, daß vor dem Gelingen einer Reform bereits wieder eine neue Reform angesetzt wird, um das Erreichte zu destabilisieren, stellt unsere Landesverteidigung mit ihrem Heer einen manchmal unauffälligen, aber durchaus notwendigen und wirksamen Faktor für den Frieden nach außen und nach innen, für die Sicherheit in der Republik, für die Wahrung der Menschenrechte, für das Gemeinwohl der Bürger dar. Auch wenn es in der Kirche in Österreich vereinzelt Kräfte gibt, die das Heer und die Landesverteidigung in Frage stellen, auch wenn es in den Massenmedien im Verhältnis mehr Gegner gibt als im Volk, bejaht die katholische Kirche in Österreich die bewaffnete Landesverteidigung und unser Bundesheer.

Die Wirtschaft berührt das Wohl des Menschen, fördert oder behindert die Entfaltung der menschlichen Person, ordnet oder stört das Zusammenleben der Menschen; baut auf oder gefährdet den sozialen und politischen Frieden; befreit oder macht die Menschen in ihren Entscheidungen und Taten abhängig; macht weite Lebensbereiche austauschbar mit anderen; kann Solidarität und Interesse am Gemeinwohl fördern; viel Gutes kann die Wirtschaft bewirken, wenn sie sich ihrer humanen Verfassung bewußt ist; die humane Verfassung bedeutet Gewissenspflicht und Gewissensrecht; die humane Verfassung gewährt dem Funktionieren der Wirtschaft keine Letztbegründung in sich selbst, denn das Gewissen des Menschen wird von Gottes Geboten angesprochen, die jenseits aller Nützlichkeit sagen: Du sollst nicht stehlen, du sollst nicht begehren, du sollst Gott über alles lieben und den Nächsten wie dich selbst. Es sind die Würde des Menschen, sein Daseinsrecht und sein persönliches Gewissen, die alle Axiome der Wirtschaft auf den Menschen und Gott hin relativieren.

Die Bewährung für den Sport liegt in seiner Menschlichkeit, die allerdings auf vielen Ebenen gefährdet werden kann. Menschlich ist der Sport, der nicht über die Grenzen der Gesundheit und des Lebens der Athleten hinaus betrieben wird. Unmenschlich ist Doping, das im Wettkampf die wirklichen Grenzen der Leistung überlistet, aber auch den redlichen und ehrenhaften Wettkampf nicht einhält und zur Farce macht. Unmenschlich ist der Wettkampf, der auf Beschädigung des Konkurrenten abzielt. Unredlich ist der Wettkampf, der ohne die menschliche Motivation von Gemeinschaft, Ehre, Treue und Identifikation mit einem geistigen Ziel abläuft und nur mehr den Antrieb von Geld und Reichtum kennt. Soll es einmal so sein, daß der wirkliche Sport nur mehr dort und von jenen betrieben wird, deren Forderungen nach Geld voll erfüllt werden?

Wenn etwas Wichtiges im Sport bevorsteht, hört man oft als Indiz der Wichtigkeit: „Es geht um viel Geld." *So* ist einst der Sport nicht als eine Weise menschlicher Kultur entstanden; aber der Lorbeerkranz antiker Spiele ist heute anderem Lohn gewichen. Es wird keine Rückkehr zu den alten Idealen geben. Der Sport ist heute Beruf, Gewerbe und Weg zu sozialem Aufstieg. Man muß auch berücksichtigen, daß es nur wenige Lebensjahre sind, in denen der Sportler auf dem Zenit seiner Leistung steht; in dieser Zeit darf jeder Sportler gerechterweise vorsorgen. Manche Sportarten erreichen jedoch Einkommenshöhen, die sich aus der gebotenen Leistung nicht mehr rechtfertigen, keine soziale Symmetrie mit anderen Sportarten und mit der menschlichen Arbeit allgemein einhalten. In solcher Entwicklung geraten die Anliegen von allgemeiner Gesundheit, von Familie und Jugend und von sozialer Gestaltung naturgemäß ins Hintertreffen. Solches Geschehen büßt den Anspruch ein, Vorbild für die Menschen oder Ausdruck von Gerechtigkeit zu sein.

Es ist etwas Beschwerliches. Der Sonntag wird relativiert. Und zwar ist die Tücke dieser Sache nicht so sehr, daß man Ausnahmen zuweilen macht, sondern daß man den Sonntag eigentlich nicht mehr als einen festen Punkt gelten läßt. Der eine feiert seinen Sonntag am Montag, am Dienstag, am Mittwoch. Und so wird also dieser Sonntag relativiert und in ganz entscheidender Weise zum Zerstörer von Familie, von bürgerlicher Gemeinschaft, auch von vieler Geselligkeit und auch von Kirche. Hier heißt es, wirklich wachsam zu sein. Und ich kann es nicht gutheißen, wenn es eine Partei gibt, die Drogen als privates Freiheitsproblem nur sieht. So können wir ganz sicher nicht aus dieser Malaise herauskommen. Ich kann es auch nicht akzeptieren, daß die Kirche mit ihrem Wort aus der Öffentlichkeit ausgeschlossen wird, daß gewissermaßen die Pornographie in einer Weise liberalisiert wird, die dann Erstaunen hervorruft, wenn wieder einmal irgendetwas Schändliches, Schreckliches passiert. Wenn die Menschen ständig auf dieser Flamme gehalten werden, dann soll sich auch niemand wundern, daß die Pornographie an vielem schuld ist und nicht einfach, wie man das so schön sagt, ein Ausdruck persönlicher Freiheit sein kann.

Es gibt heute viel Verwahrlosung im sittlichen Verhalten des Menschen; der größten Verwahrlosung begegnen wir in unserem Volk in der Frage des Lebensschutzes. Obwohl man ständig von Lebensqualität, von Datenschutz, von Tierliebe und anderem spricht, werden gleichzeitig die ungeborenen Kinder jedweder Rechte beraubt. Wo bleibt heute das konsequente humane Handeln, wenn ein angesehener Arzt feststellt, daß der Mensch von seiner Empfängnis an voll Mensch ist und im selben Augenblick er ohne Skrupel Auskünfte über die Möglichkeiten der Abtreibung gibt?
Wenn es um die Würde und um das Lebensrecht des Menschen geht, kann niemand der Kirche die Kompetenz und die Pflicht zur Verteidigung des Menschenlebens absprechen. Denn die Kirche begeht keine unstatthafte Einmischung in die Ordnung des Staates, wenn sie gegen ein Unrecht am Menschen protestiert und zum Handeln aufruft. Mit den Spielregeln der Demokratie läßt sich das Lebensrecht der Ungeborenen nicht außer Kraft setzen; für jeden Menschen und für alle Zeiten gilt das göttliche Gebot: Du sollst nicht töten.

Die Pflicht der Kirche,
das Menschenleben zu verteidigen

Unsere geringsten Brüder und Schwestern sind die ungeborenen Kinder; dies möge jeder in Staat und Kirche bedenken, der scheinbar erlaubte Wege zur Beseitigung der Ungeborenen sucht oder rechtfertigt. Christus selbst erleidet in den Ungeborenen jenen Mangel an Liebe, der Tod bedeutet. Wir appellieren an das gebildete Gewissen aller Menschen, das heute in vielen Unrechtssystemen als der einzige Schutz für unsere wehrlosesten Menschenkinder verblieben ist. Wir müssen immer wieder die Wahrheit über den Menschen bedenken und uns dabei zur Wahrheit Gottes bekehren. In dieser Frage gibt es kein Ausweichen und Täuschen. Es sind die Christen mit Gewissen und Gottesfurcht, die ihre Stimme erheben müssen. Schweigt nicht und handelt, bildet in dieser Frage auch euer politisches Urteil, das mit der Lehre der Kirche übereinstimmt.

Abtreibung des ungeborenen Kindes, wie und wann dies auch geschieht, ist Tötung eines unschuldigen Menschen; die Kirche bestraft dieses Vergehen mit der Tatstrafe der Exkommunikation (vgl. CIC Can. 1398). Das II. Vatikanische Konzil nennt Abtreibung und Tötung des Kindes verabscheuungswürdige Verbrechen (vgl. GS 51), dies zu tun ist schwere Sünde, die mit schwerer Schuld belädt. Wenn der Schuldige jedoch bereut und seine Sünde in der Beichte mit dem aufrichtigen Vorsatz der Besserung bekennt, kann auch er Barmherzigkeit und Vergebung bei Gott finden. Auch diese Sünde gegen das Leben kann vergeben werden, wenn der schuldig gewordene Mensch sich bekehrt, die Größe seiner Schuld einsieht und er die Liebe Gottes erbittet, die größer als alle Schuld des Menschen ist. Den Menschen, die solche Last der Schuld tragen, wollen wir sagen: „Wenn das Herz uns auch verurteilt, Gott ist größer als unser Herz, und er weiß alles" (1 Joh 3,20).

Abtreibung ist Tötung eines unschuldigen Menschen

Gesegnet sind jene Mütter und Väter, die das Kind als größtes Gottesgeschenk annehmen, denen das ungeborene Leben ein heiliger Auftrag Gottes ist. Gott selbst schafft die Seele und das Leben des Menschen; niemand darf einen unschuldigen Menschen töten, weder einen ungeborenen noch einen alten Menschen oder behinderten Menschen. Auch keine demokratische Institution hat das Recht auf Tötung eines unschuldigen Menschen, denn jeder hat ein unverlierbares Menschenrecht auf Leben. Wer das Menschenrecht auf Leben in Frage stellt, der erhebt sich in seinem Anspruch über Gott; denn Gott allein ist der Herr und Geber des Lebens. Unverändert und unbedingt verbietet Gott den Mord. Auch hier gilt das Wort Jesu beim Gericht, das er denen sagt, die sich nicht um die Menschen angenommen haben: „Was ihr für einen dieser Geringsten nicht getan habt, das habt ihr auch für mich nicht getan“ (Mt 25,45).

Zwei Drittel der österreichischen Wähler haben für den Eintritt Österreichs in die EU gestimmt. Die Gegner des Beitritts befanden sich vornehmlich im nationalen Lager, in bäuerlichen Regionen und im kirchlichen Bereich. Es war vor allem die Wertelosigkeit des politischen EU-Systems, die blinde Ergebenheit an die Regeln des freien Marktes, gewisse Positionen des Europäischen Parlaments in Fragen von Familie, Moral und Schutz des Lebens, die gewisse katholische Gruppen zu einem negativen Urteil veranlaßten. Inzwischen ist die Zustimmung zur EU in Österreich allgemein stark zurückgegangen; nicht wenige glauben heute, in der EU ideologisch in den Händen der Freimaurerlogen zu sein und wirtschaftlich zu sehr von den Großkonzernen abzuhängen. Die Entsolidarisierung der Menschen schreitet weiter voran. Der globale Zusammenhang der Wirtschaft hat dazu geführt, daß die Sonntagsruhe und Sonntagsheiligung dem Diktat der optimalen Maschinennutzung geopfert werden. Investoren in Österreich treten mit der Bedingung auf, daß der Sonntag vom Staat nicht geschützt werden soll. Was man vor kurzem als religiöses Gut eines souveränen Staates betrachtete, wird von Urteilen des Europäischen Gerichtshofes überrollt und außer Kraft gesetzt. Selbst wenn es auch auf Europaebene Deklamationen guter Absichten und die Mühen um die hohen Werte des Humanismus gibt, zeigt Europa seinen Bürgern doch eher das Gesicht unbekümmerter moralischer Gleichgültigkeit. Was Sache für die Menschen ist, hat ein bürokratisches, administratives und funktionalistisches Aussehen in Europa. Was als Wert und als Norm über den Dingen liegt, das wird vielleicht als Nutzen, aber nicht als Höheres des Menschen anerkannt. Soweit ein allgemeines Urteil über ein europäisches Bewußtsein überhaupt gegenwärtig möglich ist, zeigt es bei hohem Standard in Wissenschaft, Technik, Technologie und Information ein Defizit von Interesse an Transzendentem. Der gewöhnliche Agnostizismus beschreibt das Alltagsbewußtsein, das sich in den Streit um Wahrheit und Richtigkeit einlassen will; Nutzen, Gewinn und Erfolg haben höhere Kriterien der Wahrheit verdrängt.

Es gibt wenig Beseelendes in Europa, was die Furcht vor Schaden zugunsten des Euro kompensieren könnte. Man traut dem heutigen Europa zu wenig Moralität zu, um das Grundvertrauen zu haben, das jedes politische Gemeinwesen unbedingt braucht. Mehr als wegen der nationalen Sparprogramme verweigern sich die Bürger dem Ziel Europa, weil sie diesem Ziel keine Moralität zutrauen. Europa ohne Seele ist das Bild für die Leere, die das Kennzeichen für die Profanierung und Säkularisierung und für den immanenten Autonomismus der Dinge ist.

Auch wenn das Urteil der Christen über Europa heute viele Defizite thematisiert, muß ebenso entschieden festgehalten werden, daß es zu Europa als EU keine reale Alternative gibt. Es hat ein irreversibler Prozeß auf Europa hin begonnen. Als Christen dürfen wir durchaus Kritik und Veränderungswünsche anmelden; es wird jedoch klüger sein, ein fahrendes Schiff mitzusteuern als durch bloßen Protest gewisse Gewinne ohne Perspektive zu machen. Es wiegt schwer, wenn die Bürger die Seele Europas vermissen; wem in der EU soll der Auftrag gegeben werden?
Niemand wird vorauswissen, wie Europa auch nur mittelfristig aussehen wird. Wenn wir nicht einfach über Unklarheit und Konfusion bezüglich Europas Zukunft klagen wollen, müssen wir von jener Ungeduld Abstand nehmen, die alles gerne wissen oder vorauswissen will.

Auch das politische Gebilde der EU ist grundsätzlich unvollkommen, weil in keiner politischen Ordnung die Sündigkeit und Erbsündigkeit des Menschen aufgehoben ist. Selbst bei besten Absichten gelingt weder die vollkommene Gerechtigkeit in den Strukturen noch die vollkommene Übereinstimmung der menschlichen Freiheit mit dem Gemeinwohl und mit dem Wohl des Nächsten. So wird auch eine EU keine Reparatur des bisher noch Unvollkommenen sein können. Ein politisches Gemeinwesen, das möglichst vollkommen ist und der Ordnung des Schöpfers und den Rechten des Menschen dabei möglichst konkret entspricht, braucht nicht so sehr die konstruierende Intelligenz des politischen Diskurses wie vielmehr die ständige Bekehrung des freien Bürgers zu einer zeitlosen Ordnung, für die nicht nur die Verkündigung der Kirche, sondern auch die konkrete Politik der Anlaß ist.

Politische Ordnung und persönliche Bekehrung

Europa stellt sich heute trotz aller Eingeständnisse von Defiziten als etwas in Zukunft Unübertreffliches dar, sodaß die Frage, was denn nach Europa kommt, sehr skandalös klingt. Das Europa der Zukunft ist heute weniger eine Sorge als eine maßlose Selbstüberschätzung; der Traum von einem Tausendjährigen Reich schlummert auch in der Idee von Europa. Wann ist ein politisches Gebilde so fehlerfrei und grenzenlos, daß ein Ende dieses Gebildes nicht absehbar ist, wenn das System des Gebildes einfach fortgesetzt wird? Bislang hat die Geschichte keine Fakten dieser Art von Dauerhaftigkeit aufzuweisen. Immer wieder wird eine gewisse Stimmigkeit im System für eine schier unbegrenzte Daseinsgarantie gehalten. Der Gang der konkreten Geschichte ist jedoch nicht jener lineare Vorgang ins Unbegrenzte; nicht die Dinge und die Zustände machen Geschichte. Es ist vielmehr der Mensch, der das Subjekt der Geschichte ist; es sind die Taten und die freien Entscheidungen des Menschen, die den einfach linearen Gang der Geschichte nicht zulassen. Inmitten berechneter und berechenbarer Vorgänge der Geschichte bleibt eine Unsagbarkeit, die in ganz anderen Gestaltungen eine Wirklichkeit ist als in einer Formel, Hochrechnung, Trendprognose oder in einem naturwissenschaftlich angelegten Zukunftsszenario.

Es wird einmal in der Geschichte den Tag geben, an dem es weder Europa noch Deutschland noch Österreich geben wird. In der Geschichte hat alles seine Stunde, aber auch alles sein Ende; andere werden sein und anderes wird sein. Dennoch wird es auch in einer fernen Geschichte um den Menschen, um seine Wahrheit und Würde und um den Sinn der Welt gehen. Die religiösen Fragen des Christseins dürfen sich nicht auf die Grenzen und Besonderheiten Europas beschränken; was vergänglich ist, kann sich nicht als unvergänglich behaupten. So trägt auch Europa in sich den Vorbehalt des Vergänglichen, der unsere Fragen weit über das hinausführt, was wir heute als den faszinierenden Horizont vermuten. In die Gestaltung Europas müssen wir den Vorbehalt des Vergänglichen einbeziehen, damit die Sache der ganzen Menschheit und unserer Welt sich auch durch Europa entfalten kann. Wir müssen also das Bewußtsein jener Fragen und Ziele entfalten, die nicht von einer begrenzten Erfahrung und nicht vom begrenzten Interesse der Europäer geprägt sind. In diesem Zusammenhang bedarf es der grenzenlosen Weite des christlichen Denkens, die uns das Neue Testament mit dem Satz auferlegt: „Gott will, daß alle Menschen gerettet werden und zur Erkenntnis der Wahrheit gelangen“ (1 Tim 2,4).

Der Vorbehalt des Vergänglichen und die christliche Weite

Irgendwann wird sicher die Idee einer Weltregierung auftauchen; eine Weltregierung ist immer noch eher ein gefährlicher Gedanke einer Utopia. Wir werden in dieser Welt und Zeit darüber zufrieden sein müssen, daß verschiedene politische Gemeinwesen und Mächte miteinander Frieden halten und Zusammenarbeit pflegen.

So verlockend die Idee eines Weltstaates und einer Weltregierung sein mag, so wenig sicher wären darin das Gut der Freiheit und der konkreten Identität der politischen Gemeinschaften. Ein Weltstaat wäre eine Überschätzung der irdischen Wirklichkeit; die Stadt Gottes, von der die Geheime Offenbarung des Johannes sagt: „Seht das Zelt Gottes unter den Menschen! Er wird in ihrer Mitte wohnen, und sie werden sein Volk sein; und Gott selbst wird mit ihnen sein" (21,3) wird keine lineare Fortsetzung der politischen Mühen in unserer Welt sein. Die alte Welt muß vergehen, damit alle Weinenden getröstet werden, damit der Tod nicht mehr ist, damit nicht mehr sind Klage und Mühsal (vgl. 21,4). Alles politische Streben braucht jene Demut, die Gott das Gericht und das ewige Heil als Gnadengabe für die Menschheit überläßt. Demut ist es, inmitten aller Ideen und Ziele den Vorbehalt zu respektieren, daß die Sache der Menschheit außerhalb ihrer weltlichen Geschichte in der heiligen Stadt Gottes sich vollendet.

Unkraut im Weizen

Langsam nur geht die Saat Gottes auf. Heute aber schon müssen wir alles in Geduld und Treue bereiten, was einmal Gottes Ruf und Werk sein soll. Viel Unkraut wächst heute in unserer Alltagskultur und Lebensweise; Verführung und Vorurteile ersticken die gute Saat; Kritik und Streit hemmen die Liebe zur Kirche; Egoismus und Selbstherrlichkeit entfremden die Menschen von Gott.

Wie viele junge Menschen geraten in den Jahren ihres Reifens in den Giftkreis der Pornographie. Die Schamlosigkeit und die Ehrfurchtslosigkeit vor dem menschlichen Leib hat ihre Ware, die fast überall käuflich ist: Werbung und Zeitschriften, Fernsehen, Rundfunk, Mode und Literatur, und nicht zuletzt menschenverachtende Videoprodukte transportieren in die Seelen der Menschen ein Bild vom Menschen, das nicht Gottes Ebenbild, sondern ein Zerrbild von Sklaven der Lust und von bloßen Triebwesen ist.

In unserer heutigen Denkweise gibt es eigentlich keinen Platz für das Böse, denn alles Fehlerhafte und Unzukömmliche beruht auf Störungen, die durch das Können des Menschen zu beheben sind; auch das Böse erscheint uns als ein Fall des gestörten Zusammenspiels. Das Böse scheint mit dem Geheimnis der Freiheit nichts zu tun zu haben.
Der Sinn der Geschichte ist durch Christus die Erlösung und das Heil des Menschen, auch wenn der Böse bis zum Ende der Zeiten am Werk ist und die Kinder Gottes mit Wachsamkeit und Bereitschaft wie Krieger gegen die Schliche des Teufels zu kämpfen haben. Alle Getauften, alle Geweihten, alle Gottgeweihten sind in dieses Geschehen einbezogen. In Christus ist der Sieg der Liebe Gottes für immer und für jeden bereits vollbracht; in Maria, die mit dem Erlöser und seinem Menschsein in allem und in höchster Weise übereinstimmt, ist das Werk der Erlösung mit der ganzen Menschheit schon gemeinschaftsfähig geworden.

Jeden Tag werden wir über das, was Nacht und Sündigkeit des Menschen ist, unterrichtet. Aber der Mensch ist müde geworden, immer nach unten zu schauen, wo die Finsternis der Nacht herrscht. Wir sind müde geworden, täglich in die Abgründe des Bösen zu schauen, wenn wir von Mord, Betrug, Unrecht am Menschen und Beleidigung Gottes tagtäglich hören.

Unsere Sehnsucht nach dem Licht des Friedens und der Gnade ist es, die unsere Augen zu Gott erheben läßt. Wir möchten den Menschen nicht als den Widerspruch gegen Gott erfahren, sondern als den, der Gottes Abbild ist. Wir sehnen uns danach, uns als den erlösten und geheiligten Menschen zu erfahren, um zu wissen, daß wir Gott sehen, wenn wir uns in Liebe und Vertrauen dem Nächsten zuwenden.

Weihnachten bringt uns alljährlich die Stunde des Schauens und Wiedererkennens.

Eines der unbeantworteten Geheimnisse, wie denn das Böse in die Schöpfung kam, wird manchmal von Glaubenslehrern so verständlich gemacht: Es war der Neid des Teufels, der den Teufel und sein Gefolge zum Abfall und zur Feindschaft mit Gott trieb: Gott eröffnete dem Teufel, daß er die Menschen so liebt, daß sein Sohn ein Mensch wird. Es ist der Neid des Teufels, der den Menschen haßt, weil Gott ihn liebt.

Immer noch wirkt der Neid des Teufels in unserer Geschichte. Im Gefolge des Teufels hassen die Menschen: Sie hassen die Guten, sie hassen die Wahrhaftigkeit, sie hassen die Treuen, sie hassen die Unschuldigen. Der Neid bestreitet das Lebensrecht der Ungeborenen; der Neid vergeht sich an der Schönheit und Unschuld des Kindes, denn der Neid will zerstören und mißbrauchen, was im Menschen an Gott erinnert.

Der Neid verschwindet dort, wo einer dem anderen in Ehrfurcht, in Würde und in jenem Wohlwollen begegnet, das dem anderen nicht mehr sagt als: Wie gut, daß es dich gibt.

Jesus nennt den Teufel „einen Mörder von Anfang“ und den „Vater der Lüge“ (vgl. Joh 8,44). An Schrecken und Grauen haben wir uns gewöhnt; die schlimmsten Verbrechen sind der Stoff, aus denen Unterhaltung geboten wird. In Momenten der Besinnung fragen wir uns, warum so viel Böses geschieht, obwohl fast alle Menschen sich für anständig, freundlich, normal und gut halten.

Schon am Anfang war es die Lüge, mit der Adam und Eva zur Sünde verführt wurden. Heute noch ist die Lüge der Boden der Sünde, denn selbst die schlimmste Tat sucht den Schein der Rechtfertigung.

Auch in das Gewissen des Menschen kann sich die Lüge einschleichen, wenn wir Gottes Wort nicht hören und wir die Wahrheit des Glaubens nicht gelten lassen. Lüge und Verführung sind nicht nur der Anfang der Sünde, sondern auch die Hartnäckigkeit jener Verblendung, die uns Sünde und Schuld nicht einmal erfassen läßt. Aber dagegen steht die Verheißung Jesu: „Wenn ihr in meinem Wort bleibt, seid ihr wirklich meine Jünger. Ihr werdet die Wahrheit erkennen, und die Wahrheit wird euch frei machen“ (Joh 8, 31).

Immer mehr besonnene und denkende Menschen äußern den Verdacht, daß heute der Böse selbst am Werk ist, den Jesus den „Vater der Lüge" nennt; der Teufel war ein Mörder von Anfang an und keine Wahrheit ist in ihm (vgl. Joh 8,44 ff.). Es gehört zum Werk dieser Lüge, daß sich Böses und Sünde den Schein des Guten und Vorteilhaften geben; daß persönliche Schuld nur als eine Art heilbare Krankheit gelten darf und nicht als ein erster Notruf des Menschen nach Versöhnung mit Gott und Erlösung; daß man Böses tun darf, um ein scheinbar Gutes zu bewirken.

Diese Verwirrung des Gewissens erfahren wir tagtäglich; die größte Gefahr für die Menschheit liegt darin, daß es nicht mehr das Bewußtsein von Sünde und Schuld geben soll. Ein solches Bewußtsein wäre eben das Spiegelbild der Gottlosigkeit des Menschen.

Wir kennen die tragische Wirklichkeit unserer Zeit: Unzählige ungeborene Kinder wurden im Mutterleib getötet, wir kennen nicht einmal ihre genaue Zahl; unzählige Frauen, die zur Mutterschaft berufen waren, gerieten in Leid und Gewissensnot; Ungeborene werden getötet und beliefern mit ihren Organen die Geborenen zur Lebensverlängerung; Forschung und Kommerz gehen hemmungslos mit dem Heiligsten, mit dem Leben des Menschen, um. Aber man hat sich längst falsche Prophetenworte beschafft: es gibt heute das Wort vom „Recht" auf Abtreibung; man spricht von der Verantwortung zur grenzenlosen Forschung und verspricht den Fortschritt; man legt die Hand auf die Sexualerziehung der Jugend und deklariert Abtreibung als fallweise ethische Verantwortung.

Man entdeckt heute wohl die Moral in Staat und Politik. Aber ein großes Bündnis von Schweigern, von Furchtsamen, von Interessierten, von Gewissenlosen und von Ratlosen schaut an der Not der Ungeborenen vorbei. Wie widersprüchlich und töricht ist es, von Moral zu reden und Moral zu fordern, wenn die größte Herausforderung zur Moral, das Recht des Ungeborenen auf Leben, einfach ignoriert wird.

Es ist ein großer Irrtum, wenn der absolute Ernst der Botschaft Jesu mit dem Vorwurf der „Drohbotschaft" um seine Kraft gebracht wird. Jesu Gesetz und Wort sind keine liebliche Botschaft, die unverbindlich ist und den Wünschen und Trieben des Menschen schmeichelt. Lügen und Schmeicheleien beeindrucken zunächst vielleicht die Denkweise des Menschen, aber ein Blinder kann nicht einen Blinden führen. Zu den Maßstäben des Erfolgs können im Reich Christi nicht Beliebtheit und Akzeptanz zählen; Jesus warnt uns: „Weh euch, wenn euch alle Menschen loben; denn ebenso haben ihre Väter die falschen Propheten behandelt" (Lk 6,26).

An allen Orten und Wegen stehen auch heute die falschen Propheten, die vorgeben, Christi Frohbotschaft zu verkünden, die sich nicht auf Gottes Gebote, sondern auf Umfragen und Trends berufen, falsche Propheten, die keine guten und gottgefälligen Werke tun. Die Scharlatane und Scheinkundigen, die Esoteriker und Abergläubischen machen heute ihre großen Geschäfte, auch wenn sie die Menschen täuschen. Auch in unserer Kirche gibt es falsche Propheten, die sich öffentlich verherrlichen lassen und über die Seelen der Menschen Macht gewinnen wollen.

Auch in früheren Zeiten gab es die religiöse Schwärmerei und den religiösen Radikalismus, der sich auf Jesus berufen hat und gegen sündige Zustände in der Kirche angehen wollte. Was den heutigen Ungeist jedoch vermehrt, ist die Tatsache, daß Jesu Wort mißachtet wird oder nur mehr jene Worte Jesu gelten dürfen, die als sozial und besonders menschenfreundlich benutzt werden können. So wird selbst die Bergpredigt nach Gefallen und Nicht-Gefallen benutzt, „Jesus soft", Jesus in Auswahl.

Der Modernismus trennt immer wieder den „geschichtlichen Jesus“ vom „Christus des Glaubens". Gibt es also keine wahre Identität, die Jesus von Nazaret und den Christus des Glaubens der Kirche verbindet, wäre die Glaubenslehre der Kirche ein Produkt theologischer Reflexion, die aus der Wirklichkeit des historischen Jesus sich nicht begründet und daher auch ihr unangemessen ist.

Jesus wird vom Glauben der Kirche abgetrennt, der Glaube der Kirche wiederum berührt den historischen Jesus nicht. So ist nach dem modernistischen Jesusbild Jesus nur mehr der Inbegriff des Subjektivismus, den jeder nach Gutdünken auf Jesus überträgt.

Das Zeichen der Zeit für unsere Kirche ist heute die Notwendigkeit, der Welt und den Menschen die Wahrheit Christi wiederzugeben. Dies ist das Anliegen dessen, was der Heilige Vater als „Neuevangelisierung“ uns aufträgt. Auch die Kirche ringt in ihrem Inneren heute mehr mit tödlichen Vorurteilen als mit der Klärung von Glaubensfragen. Die banalsten Vorurteile haben zuweilen zu einer Gottvergessenheit geführt, in der die Kirche wie ein leeres Haus, wie Ähren ohne Früchte, wie ein leergeschüttelter Baum dasteht. Christus aber stirbt nicht mehr. Besser als alles Klagen wird es sein, in der Kirche das Gegenwart sein zu lassen, was der auferstandene Herr uns gesagt und geschenkt hat. Die Kirche sei das, was sie wahrhaftig ist: Werk Gottes und der geheimnisvoll fortlebende Christus.

Die Kirche verdankt ihre Existenz und Einheit dem Wirken des dreifaltigen Gottes. Kann das die einzige Kirche Christi sein, was heute in soziologischen Montagen und psychologischen Mechanismen als Kirche dargestellt, beurteilt und manipuliert wird? Nein. Denn, was aus dem dreifaltigen Gott seinen Ursprung hat, läßt sich nicht dem Gemächte der Soziologen, Psychologen, Politiker, Pragmatiker und des Journalismus unterwerfen.

Es ist unsere Christenpflicht, auch unsererseits für das Gemeinwohl Opfer zu bringen; die Kunst der Politik muß es sein, die angemessene Gerechtigkeit zu finden. Nur vor Gott hat der Mensch sich zu beugen; stehen und bestehen müssen wir gegen den drohenden Sympathieentzug, gegen das Verwirrspiel von Umfragen, von Bekanntheitsgraden und Beliebtheitswerten. Auch wenn heute behauptet wird, daß politisch nichts mehr geht, wird schließlich dennoch gelten, daß den Treuen die Bürger treu sein werden.

Den Irrtümern in Sachen des Glaubens und der Sitten muß von der Kirche entschieden widersprochen werden. Die Irrenden aber wollen und müssen wir lieben wie Brüder und Schwestern; Liebe jedoch kann ohne die Wahrheit nicht bestehen. Zum Dienst der Wahrheit gehört daher auch der Widerspruch gegen die Irrtümer, die von selbsternannten Lehrern verbreitet werden und Verwirrung und Feindschaft im Volk Gottes stiften. Die Wahrheit Gottes und die göttliche Wahrheit über den Menschen darf weder von Unterschreibenden noch von irgendwelchen behaupteten Mehrheiten verfälscht und verkürzt werden.

Wie wollen die Irrlehrer den Menschen den rechten Weg zusichern, wenn Ehebruch und Unzucht, Homosexualität und außereheliche Sexualität, Kinderschändung und Pornographie als die Weisen der neuen „Wohllust" verbreitet werden?

Heute ist das Problem der Kirche nicht nur das freimütige Zeugnis des Glaubens, das manchem furchtsamen Gläubigen schwerfällt. Ein anderes Problem ist die Tatsache, daß Unwahres über die Kirche gesagt wird oder die Selbstdarstellung der Kirche verfälscht wird, ohne daß es möglich ist, angemessen zu antworten oder zu korrigieren. Millionen von Menschen werden durch Massenmedien auf unbegründete Vorurteile festgelegt, zur Verachtung des Glaubens und der Kirche verführt und im Interesse an einer gültigen Wahrheit gelähmt. Die Unwahrheit kann den Bereich der Information besetzen, während der Kirche oft jede Gegendarstellung verwehrt wird und eine angemessene Selbstdarstellung des Glaubens einfach nicht zugelassen wird.

Meine besten Helfer sind die Medien, zum Guten der Kirche und um die Menschen aufzuwecken. Wir als Kirche haben selber kaum eine mediale Stimme, wo wir sagen könnten, was wir wollen. So lebe ich davon, daß ich mit Medien, die meine Dinge aufnehmen, spreche. Ich erwarte, daß sie gerecht darüber schreiben, mich auch kritisieren. Dabei sollen sie die Wahrheit sagen - das ist das einzige, was ich verlange.

Der allgemeine Applaus ist weder ein Kennzeichen der Wahrheit noch ein Ersatz für Wahrheit. Gott sei Dank gibt es heute Gläubige und Priester, die gegen das Böse und die Sünde aufstehen und widerstehen mit den Apostelworten: „Man muß Gott mehr gehorchen als den Menschen." (Apg 5,29) Wie schwer ist das Zeugnis der Reinheit von jungen Christen, wie zermürbend der Widerstand gegen Abtreibung und Pornographie; wie hart ist es, die Gebote Gottes zu bezeugen, wenn die Menschen alles unter sich aushandeln wollen; welch geistige und seelische Größe gehört dazu, Treue zu halten und Treue zu lehren; wie sehr stört die Kirche das Urteilen der Selbstherrlichen, wenn sie dem Gesetz Christi die Treue hält.

Das Prinzip Gerechtigkeit muß auch im Bereich der Informationsmedien entwickelt und gesichert werden. Die Freiheit der Meinung und der Information wird zur Einseitigkeit und Willkür, wenn die Betroffenen, die Beurteilten und die Beschädigten nicht das Recht und die Gelegenheit haben, angemessen zu antworten, zu widersprechen und zu berichtigen. Nicht nur bei sozialen und materiellen Gütern geht es um gerechte Verteilung. Die Medienwelt ist ohne ein wirksames Prinzip der Gerechtigkeit nicht mehr menschenwürdig zu ordnen. Wir beobachten eine Entwicklung, deren Bewältigung genauso dringlich ist wie einst die soziale Frage. Auch die Kirche braucht für ihre Präsenz in der Welt und für den Austausch der geistigen Güter eine verbindlich wirksame Gerechtigkeit, um in den Medien sich selbst darzustellen und ihre Sendung zu erfüllen.

In der Kirche beispielsweise pflegt man eine Art von Pastoralpessimismus, der überall Niedergang, Verlust des Glaubens und Schwinden der Kirche als geradezu naturnotwendige Gesetzlichkeit darstellt; man beklagt den Verlust von Normen und Werten und tanzt doch gleichzeitig begeistert auf jener schiefen Ebene, die in den Abgrund neigt. In der Kirche wird zuweilen der Widerspruch in den Erfahrungen mit sich selbst nicht wahrgenommen, denn gleichzeitig mit Ausrufung der Toleranz für alle verfährt man höchst intolerant mit jenen, die gewissen Sympathieordnungen nicht angehören; gleichzeitig mit verbalen Beteuerungen gegen Ausgrenzung grenzt man jene aus, die sich dem Diktat der selbstgefälligen Großartigkeit nicht beugen.

Die Auseinandersetzung der Kirche mit dem profanen Zeitgeist bedeutet von vornherein, daß der Erkenntnisvorgang von seiten der Kirche ein anderer ist, weil die Sinnfrage gemäß der Konzilsaussage immer mit dem zukünftigen Leben verbunden ist, worauf sich die Erkenntnisgrundlagen des profanen Zeitgeistes nicht verstehen. Das faktische Problem wird häufig jenes sein, daß der Zeitgeist seine eigenen Grenzen überschreitet, ein zukünftiges Leben entweder für unmöglich oder für unbeweisbar oder für eine private Glaubensmeinung ohne Realitätsbezug hält. Obwohl der Zeitgeist es sich zugute hält, nur in Tatsachen gelten zu wollen, verletzt er gerade im Umgang mit dem Religiösen sein eigenes Prinzip und beurteilt das Religiöse als etwas von der Realität Ausgeschlossenes, indem der Zeitgeist über das Tatsächliche hinaus seine Urteile über das Religiöse verallgemeinert und damit den eigenen Boden der „Tatsächlichkeit" verläßt. So gehört es zur Strategie des Zeitgeistes, totalitär eingeschätzte Ideen zu bekämpfen, um damit selbst unbemerkt totalitär zu sein.

Es gehört also zur häufigsten Eigenart des Zeitgeistes, - von anderen unbemerkt - Grenzen zu überschreiten, indem man Grenzen zieht, um ein Jenseitiges der Grenze auszuschließen oder willkürlich zu verunstalten. Der Zeitgeist, der sich aus angeblicher Redlichkeit und aus behauptetem Realismus nur mit Tatsachen abgibt, ist letztlich das Produkt einer „schizophrenen" Geistigkeit, die das Monopol der Tatsachen für sich reklamiert und sich dabei im Urteil über anderes (z.B. das Religiöse) als eine totalitäre Ideologie gebärdet.

Es gehört zum Wesen auch des menschlichen Geistes, das Ganze zu umgreifen und nicht in Tatsachen bloß punktuell zu bleiben. Auch der Zeitgeist des Menschen wird daher aus seiner bloßen Aktualität und Punktualität auszubrechen versuchen, um alles zu beurteilen, wenn auch manchmal mit den widersprüchlichsten Mitteln und Methoden. Der Geist jedoch, der sich der Wahrheit über Gott und über den Menschen nicht öffnet, ist ein frustrierter Geist, der in einer Art Schizophrenie höchste Gültigkeit für das beansprucht, was er nur als „Tatsachen" sehen will.

Wer Tierversuche oder Massentierhaltung ablehnt, kann geltend machen, daß er aus Ehrfurcht vor der Schöpfung so handelt. Für die Freiheit, für den Gesinnungswandel, für unseren bescheidenen Lebensstil besteht damit viel Spielraum. Wir dürfen aber nicht das Mitgefühl für das Tier gegen das Wohl des Menschen ausspielen. Ein törichter Prophet wäre aber der, der die besondere Würde des Menschen als Recht auf unbegrenzten Egoismus auslegte. Gerade zur Würde des Menschen und zur Unsterblichkeit der Seele gehört die Ehrfurcht vor Gott, vor dem Menschen und vor der ganzen Schöpfung. Über eine Vorgeschichte des Menschen wissen wir weniger, als wir zugeben. Über die Zukunft des Menschen wohl aber wissen wir: „Nach“ dem Menschen wird es keinen „Übermenschen", sondern wieder nur Menschen geben. Gott selbst ist Mensch geworden, um durch Jesus Christus den Menschen zu erlösen. Für den neuen und erlösten Menschen wird es auch eine neue Welt geben. In dieser neuen Welt wird alles seinen Platz haben, was die Güte Gottes kundtut, auch das Tier.

Leben in Fülle

Es gibt kein Leben im allgemeinen; es gibt nur den lebendigen Menschen und den lebendigen Gott. In diesem Verhältnis des Lebens zwischen Gott und Mensch ruht alle Wirklichkeit; nur in diesem Verhältnis gewinnen Wissen und Weisheit, Tugend und Gebet, Schönheit und Wahrheit, Gutes und Gottgefälliges, Natur und Gnade, Gemeinschaft und Person ihre Gestalt als Fülle des Lebens.

Unser Leben ist ein dramatisches Geheimnis; es wäre Schall und Rauch, wenn es nur aus ein paar irdischen Lebensjahren bestünde. Dieses kurze Leben aber ist so ernst, weil darin alles gelebt werden muß, was im ewigen Leben sich uns eröffnet.

Unser Leben ist Leben in Fülle, wenn Gottes Gegenwart in uns wirkt und wir uns in Gott jenseits der verrinnenden Zeit erkennen.

Das Wort „Fülle“ ist es, das den Dienst des Priesters im Werk der Erlösung rechtfertigt. Gott ist mehr als Sein, Wahrheit, Liebe, Macht, Weisheit und Leben; Gott ist Sein, Wahrheit, Liebe, Macht, Weisheit und Leben „in Fülle“: In nichts begrenzt oder widerruft sich Gott; seine Fülle sollte in Christus wohnen, damit alle Menschen durch ihn versöhnt sind. Der Mensch soll also zu einer Fülle erhoben werden, in der ihn Gott berührt und heiligt.

Was Gott schafft, ist „gut“, weil es von Gott gewollt ist. Gott haßt nichts von dem, was er gemacht hat. Der Mensch jedoch ist zu mehr bestimmt: Das ist der Wille Gottes, eure Heiligung (vgl. 1 Thess 4,3). Bloßes Dasein ist noch nicht Heiligkeit; Heiligkeit des erlösten Menschen ist mehr als Einordnung in den Bereich des Guten. Heiligkeit ist das Ganze dessen, was sich zwischen Gott und jedem Menschen heilvoll ereignet; Heiligkeit muß in jeder Begegnung Gottes mit jedem Menschen das Einzigartige und zugleich Unübertreffliche sein. Heiligkeit ist das „Leben in Fülle“, das uns Christus verheißt.

Im Jahr 3000 wird immer noch Wahrheit sein, was die Wahrheit Christi und unseres Glaubens ist. Unsere Kirche wird immer noch sein, denn sie ist ein Werk Gottes, das selbst die mächtigsten Feinde nicht zerstören können. Am Ende der Weltzeiten wird die Kirche in Herrlichkeit vollendet sein; dann werden alle Gerechten von Adam an, von dem gerechten Abel bis zum letzten Erwählten, in der allumfassenden Kirche beim Vater versammelt werden (vgl. Vat. II, LG 2). Jeden Menschen hat Gott in seine Hand geschrieben; keiner ist von Gott vergessen, auch wenn einst vieles verändert oder zerstört ist. Es wird die Familie bestehen, denn Gott will sie, solange diese Erde dem Menschen gehört; es wird die Menschenrechte geben, denn Gott liebt den Menschen und haßt nichts von dem, was er gemacht hat. Es wird Friede aus Einsicht oder sogar Friede aus Liebe sein, denn die Liebe ist stärker als der Tod. Was sündig und böse ist, wird zerfallen, je näher wir dem neuen Himmel und der neuen Erde entgegengehen. Immer mehr liegt das „Neue Jerusalem" im Ziel der Weltgeschichte. Das neue Jerusalem kommt von Gott her aus dem Himmel, wie eine Braut für ihren Mann geschmückt: Gott wird unter den Menschen wohnen, sie werden sein Volk sein und Gott wird bei ihnen sein. Gott wird alle Tränen von ihren Augen abwischen (vgl. Offb 21,1 ff).

Gott schuldet es seiner ewigen Liebe, daß wir Menschen ewig leben. Der Glaube an das ewige Leben ist nichts anderes als der Glaube an die Liebe Gottes, die erfüllt, was sie ist: Liebe, und nichts als Liebe. Jesus selbst bezeugt, daß Gott nicht der Gott der Toten, sondern der Gott der Lebenden ist (vgl. Mt 22,32).

Das Leben des Menschen ist eines und unteilbar; es ist das eine Leben, in das Gott uns ruft, wenn unser Leben im Schoß der Mutter beginnt; es ist dasselbe Leben, das wir zeitlich in der Welt gestalten und dessen wir uns freuen dürfen; es ist dasselbe Leben, das uns in die Ewigkeit hinausträgt, wenn wir nach bestandener Bewährung Gott ähnlich sein und wir ihn sehen werden, wie er ist (vgl. 1 Joh 3,2).

Nur Gast sind wir auf Erden. Dennoch gehört uns diese Welt in der Zeitspanne jenes irdischen Lebens, das Gott uns schenkt. Wir leben nicht zufällig; unser Leben hat seinen Ursprung aus Gottes Willen; in Gott hat unser Leben auch sein Ziel. Gott „will, daß alle Menschen gerettet werden und zur Erkenntnis der Wahrheit gelangen“ (1 Tim 2,4). Mit jedem Menschen steht für Gott viel auf dem Spiel. Wenn Gott will, daß jeder Mensch gerettet wird, kann niemand unbetroffen abseits stehen oder an seinem Seelenheil uninteressiert sein. So kann am Ende unseres Lebens in Gottes Gericht es nur heißen: gerettet oder nicht gerettet, gerettet oder verworfen.

Wenn einmal unser Herr und Erlöser wiederkommen wird, um Gericht zu halten über die Menschen, über die Welt und über die Geschichte, wissen wir, was unser Richter fragen wird. Es wird um Heil oder Verwerfung gehen; keiner von uns hat das Recht, Gottes Gericht zu verharmlosen: Wenn Gott den freien Menschen erschuf, muß Gott auch den freien Menschen richten. Der Mensch, der bis zuletzt frei in der Sünde verstockt bleibt, verfällt der Strafe der Hölle. Wir können Sünde und Schuld nicht damit wegreden, daß wir den schuldigen Menschen krank schreiben oder wir seine Freiheit zum Bösen als einen Therapiefall verharmlosen.

Im Gericht Gottes stellt sich nicht die Frage, welche historischen Leistungen wir vollbracht haben, welche kulturellen und wissenschaftlichen Großtaten uns gelungen sind, was die öffentliche Meinung von uns hält. Gott fragt uns nach der konkreten Liebe zum Nächsten: Ich war hungrig, gabst du mir zu essen; ich war durstig, gabst du mir zu trinken; ich war obdachlos, hast du mich aufgenommen; ich war nackt, hast du mich bekleidet; ich war krank, hast du mich besucht; ich war im Gefängnis, bist du zu mir gekommen? Wer dies bejahen kann, erhält das ewige Leben; wer dies verweigert, erhält ewige Strafe.

Was Gott uns fragen wird

Wir planen die Zeit, wir berechnen die Zeit, wir erleben die Zeit; jedes geschriebene Datum ist eine Erinnerung an die Heilige Nacht von Betlehem. Nehmt auf den Sinn und den Ernst der Zeit, die erhellt ist von der Ankunft des Gottessohnes als Mensch unter Menschen. Kein Tag unseres Arbeitens und Lebens soll das Licht und die Wirklichkeit und die Gnade des menschgewordenen Gottessohnes vermissen oder verlieren.

Wer mühsam geht, der wird verzweifeln, wenn er ein Ziel in Gott nicht kennt; wie ganz anders sind die Schritte der Glaubenden, die jeden Schritt als Heimkehr zu Gott wissen. Mühen wir uns im Alltag mit Freude, bleiben wir Christus und seiner Kirche treu; die immerwährende Treue Gottes zum Menschen kann von uns nur durch unsere Treue beantwortet werden.

Viele Christen, vor allem auch junge Christen, entdecken heute wieder Gebet und Anbetung. Mögen jeden Tag mehr Gläubige diesen Gnadenweg des Betens beginnen. Und in dieser Begegnung mit dem wahren Gott wird zurückkehren, was nicht selten im Leben der Kirche verdrängt wurde: die Ehrfurcht. Die Ehrfurcht des Menschen vor Gott hat viele Formen und Weisen. Die Ehrfurcht durchzieht alle Bereiche des menschlichen Daseins und humaner Kulturen und bedeutet immer eine Weise geläuterter und selbstloser Liebe.

Wenn die Verehrung des Herzens Jesu die Menschen so bewegt - und es sind gerade die einfachen und demütigen Menschen die bewegten - muß man sich fragen, was die gläubigen Menschen im Herzen Jesu erfaßt haben. Es ist wohl nicht der theologische Diskurs, an dessen Ende das Herz Jesu eine neue rationale Schlußfolgerung ist. Es ist eher eine Intuition des glaubenden und liebenden Menschen, der im Herzen Jesu weiß, daß es das wahrhaftige Bild des Gottessohnes ist, in etwa mit dem Vollkommensein vergleichbar, wie Christus das Ebenbild des unsichtbaren Gottes ist (vgl. Kol 1,15): Nichts mehr trennt in Christus das Ebenbild des unsichtbaren Gottes von Gott selbst. Und wenn wir von Gott und von seiner barmherzigen Güte ausgehen, erfährt die Intuition des glaubenden und liebenden Menschen, daß Gottes unüberbietbares, offenkundiges Bild auch das Herz in Jesus Christus ist.

Alles, was Gott schafft, ist Gabe. Maria aber ist die vollkommenste Gabe Gottes für alle Zeit. Maria ist Gabe, vollkommenste Gabe, weil sie in allem und ganz mit Gott dem Geber übereinstimmt: nichts ist in ihr, was Gott widerspricht; nichts ist in ihr, was sie nicht mit Gott und den Menschen teilen möchte; kein Ungehorsam gegen Gott ist in ihr: Ihre Freiheit ist Liebe und Sorge für die Sache Gottes; immer ist in ihr, von Anfang an und immerdar, die tiefe Übereinstimmung mit Gott. Maria ist die vollkommene Gabe, rein und unbefleckt von Anfang an. Maria ist das vollkommene Bild dessen, was Gott in seiner Liebe dem Menschen zudenkt.

Tut das Gute, meidet die Sünde, versöhnt euch im Bußsakrament mit Gott. Seid mutig in eurer Berufung, in die euch Gott gestellt hat. Fürchtet euch nicht vor den Mühen des Christseins und nicht vor dem Ernst des gottesfürchtigen Menschseins. Eure Liebe sei Treue, eure Kraft sei die Geduld. Euer Gebet finde die Begegnung mit Gott; betet den Rosenkranz und den Kreuzweg. Folgt dem Vorbild der allzeit getreuen Gottesmutter und empfehlt euch und eure Familien und besonders die Jugend ihrer Fürsprache. Betet für den Heiligen Vater, für unsere Diözese und auch für mich. Gott schenke jedem das Leben in Fülle, in dem sich alles vollenden möge, was Gottes Güte und Gnade uns zugedacht hat.

Eure Liebe sei
Treue, eure Kraft die Geduld

Inmitten einer Welt, die einmal ganz anders sein wird, haben wir auch heute schon den Durchblick auf jene Stadt Jerusalem und jene Zeit, in der Gott alles in allem ist. Die Kirche Christi schreitet zwischen den Verfolgungen der Welt und den Tröstungen Gottes auf ihrem Weg dahin.

In der Zwischenzeit bis zur Ankunft des Herrn leuchtet Maria als Bild und Anfang der in der kommenden Weltzeit zu vollendenden Kirche als Zeichen der sicheren Hoffnung und des Trostes dem wandernden Gottesvolk voraus. Heilige Maria, Mutter Gottes, bitte für uns Sünder jetzt und in der Stunde unseres Todes. Durch Maria zu Christus, durch Christus zum Vater; dies sei der Weg unserer Kirche zur Vollendung, die wir hoffend erwarten.

„Wir müssen katholisch bleiben“

Chronologisches Verzeichnis der Texte

1987 Antrittsrede im Anschluß an seine Bischofsweihe im Dom zu St. Stephan am 26. April, Wiener Kirchenzeitung vom 10. Mai
10, 22

1988 Predigt in Droß (13.1.)
94, 108

Predigt in Wolfsthal (15.4.)
104, 109, 298

Predigt in Burghausen (13.8.)
99, 107

Predigt im Stift Göttweig (2.12.)
96

Predigt in Ma. Roggendorf (4.12.)
207

Predigt zur Christmette in St. Karl, Wien
75

Predigt in Stadl Paura (28.12.)
269

1989 Predigt am Aschermittwoch in Heiligenkreuz – Künstleraschermittwoch (7.2.)
212

Predigt in Altötting zum Frühjahrshauptfest der Marianischen Männerkongregation (5.3.)
97, 101

Vortrag bei „World Tech Vienna", Internationale Wissenschaftsmesse: „Das Gewissen des Menschen in der Auseinandersetzung mit der Welt von Wissenschaft und Technik" (20.6.)
42

Predigt in Mariazell (1.10.)
95, 98, 106, 220

Predigt in St. Karl, Wien (5.11.)
211

Kurier (1.12.)
185, 186, 200

1990 Vortrag im Wiener Priesterseminar: „Die wissenschaftliche Ausbildung des Priesters von heute“ (25.1.)
100

Vortrag in Wien, Rennweg: „Jesu Christi Gesinnung gegenüber Maria“
208

In: „Die ganze Woche“ Nr. 22 (31.5.)
283

Predigt in Tiengen, Gustav-Siewerth-Akademie (13.7.)
18

1991 Predigt zum Stifterfest im Stephansdom in Wien (12.3.)
41

Weihnachtspredigt im Dom zu St. Pölten
295

Silvesterpredigt im Dom zu St. Pölten
11, 27, 48, 192, 206

1992 Deutsche Tagespost: Osterausgabe
88, 210, 213, 216, 217, 272

Vortrag in Wien: „Die theologische Grundlage der Herz Jesu Verehrung“ (23.1.)
297

Hirtenbrief zur Fastenzeit
171, 227

Predigt zur Missa chrismatis im Dom zu St. Pölten
158, 214

Weitere Bücher
aus dem Verlag St. Josef
(im vorliegenden Format)

Was Petrus uns gesagt hat

Der dritte Pastoralbesuch
von Papst Johannes Paul II.
in Österreich 19. - 21. Juni 1998
Vollständige Dokumentation -
mit einem Rückblick auf
1983 und 1988
138 Seiten, gebunden

Der Ruf der Liebe

Auf Umwegen in den Karmel
von P. Marcell OCD
Die wunderbare
Führung Mariens im Leben eines
ungarischen Professors, der 1930
Ordenspriester wurde, 1966
starb und dessen
Seligsprechungsprozeß
eingeleitet ist.
210 Seiten, gebunden
ISBN 3-901853-02-2

Das verschwiegene Konzil

Was das Zweite Vatikanische
Konzil wirklich gelehrt hat.
Entscheidende Texte,
systematisch und leicht lesbar
zusammengestellt.
Mit einem Vorwort von
Bischof Kurt Krenn
328 Seiten, gebunden
ISBN 3-901853-03-0